U0623861

高校学生管理模式与实践研究

曾小娟◎著

辽宁人民出版社

图书在版编目（CIP）数据

高校学生管理模式与实践研究 / 曾小娟著． — 沈阳：
辽宁人民出版社，2025.2
ISBN 978-7-205-10793-2

Ⅰ．①高… Ⅱ．①曾… Ⅲ．①高等学校—学生—学校
管理—研究 Ⅳ．①G645.5

中国国家版本馆CIP数据核字（2023）第123038号

出版发行：辽宁人民出版社
　　　　　　地址：沈阳市和平区十一纬路25号　邮编：110003
　　　　　　电话：024-23284321（邮　购）　　024-23284324（发行部）
　　　　　　传真：024-23284191（发行部）　　024-23284304（办公室）
　　　　　　http://www.lnpph.com.cn
印　　　刷：辽宁一诺广告印务有限公司
幅面尺寸：170mm×240mm
印　　张：12.25
字　　数：200千字
出版时间：2025年2月第1版
印刷时间：2025年2月第1次印刷
责任编辑：张天恒　　王晓筱
装帧设计：九月设计
责任校对：吴艳杰
书　　号：ISBN 978-7-205-10793-2

定　　价：68.00元

前　言 preface

　　随着中国社会经济不断发展和教育体制改革不断深入，高等教育事业迎来一个快速发展时期，高校学生管理工作也进入一个新发展阶段。新发展趋势为高校学生工作带来新机遇、新变化的同时，带来了诸如学生价值观多元化、心理素质和人际交往能力欠佳等新情况新问题，这都对高校学生管理工作提出了新要求和严峻挑战。

　　高等学校肩负着人才培养、科学研究、社会服务、文化传承创新的重要历史使命，是为国家培养和输送高素质拔尖创新人才的重要基地。高校学生管理工作既是为培养人才保驾护航的坚实保障，也是高校人才培养的重要环节。当代大学生已经从传统意义上接受高等教育的受众群体，转变为现代意义上与大学组织和学生管理中产生互动的管理主体。如果说"培养什么人"是高校人才培养的目标，那么"怎样培养人"便是实现这一目标的管理模式。因此，高校学生管理模式的行之有效、科学规范，不仅关系高校教学活动、科学研究等各项工作的顺利开展，更关系高校人才培养质量。

本书积极探索构建适合新时期社会发展需要和学生成长特点的高校学生管理新型模式，并理清管理模式中的各项职能关系，以满足学生个性化发展全面发展的需要，从而实现全员育人、全过程育人、全方位育人。

目　录 contents

第一章　高校学生管理概论

第一节　高校学生管理的概念

高校学生管理是高等学校领导和管理人员为了实现高等学校学生的培养目标，按照国家的教育方针和各项政策法令，科学地有计划地对学校内部的人、财、物、时间、信息等进行组织、指挥、协调，并对其进行预测、计划、实施、反馈、监督等的一门管理科学。

高校学生管理作为学校管理的重要组成部分，具有十分广泛而深刻的内涵。首先，它要研究管理对象（即青年大学生）的生理、心理特征，知识、能力结构，兴趣爱好及社会氛围对他们的影响，掌握他们的思想变化，以及教育管理的规律。其次，它要研究管理者本身（即学生工作专职人员）必备的思想、文化、理论及业务素质，以及这些素质的培养方式和管理队伍的建设。最后，它要研究学生管理的机制和一般管理的原则、方法，以及学生在学习、生活、课外活动、思想教育中的具体管理目标、原则、政策、法规等。

高校学生管理是一项教育工作，它具有教育科学所包含的规律；它也是一项具体的管理工作，具有管理科学所包含的规律。大学生管理是高等教育学和管理学交叉结合产生的一门综合性应用学科，它同所有的管理科学一样，研究的主题是效率，其具体研究的课题是大学生管理的效率——最有效地达到大学生的培养目标。中国大学生管理，就是要寻求按照党和国家的教育方针，实现培养德、智、体诸方面发展的专门人才的最佳方案，最佳计划、决策，最佳管理体制、组织机构，最佳操作程序。它涉及很多学科，如马克思主义哲学、高等教育学、社会学、心理学、管理学、行政学、统计学、控制论、信息论、系统论等。因此，研究中国大学生管理必须广泛运用各种有关的科学理论来进行分析，这样才能使从事学生管理工作的同志掌握科学的管理指导思想和科学的管理手段进行有效的管理。

对大学生进行严格管理的过程中，要正确处理两种关系：

第一，学生管理与规章制度的关系。高校学生管理要通过制定并实施必要的规章制度来实现。教育部根据党和政府的教育方针、青年大学生成长的特点，以及长期以来的工作经验，制定了《普通高等学校学生管理规定》，这是对大学生进行科学管理的一个基本的法规性文件。各高校也结合自己的实际情况，整章建制，制定了一系列规章制度。学生管理的实践反过来又丰富了相关规章制度的内容，使之更全面化、科学化。

第二，学生管理与思想政治教育的关系。在强调管理工作重要意义的同时，不可忘记思想政治教育的重要保证作用。任何只强调严格管理而忽视思想政治教育，或只强调思想政治教育而置制度管理于不顾的做法，都是片面的、不可取的。因为管理也是教育的一种手段，教育又能保证管理的推行和实施，所以只有把严格管理与思想政治教育有机结合，才能使学校工作真正走上井然有序的轨道。

第二节　高校学生管理的目标

一、高校学生管理的对象

所谓管理对象，是指"管理活动的承受者"。随着人类认识的深化和管理的科学化、复杂化，不同时期、不同学派对此有不同见解：一是指管理活动所作用的各种具体对象。最初是人、财、物三要素，后增加了时间、空间，成为五要素，又增加了信息、事件，成为七要素。二是指管理活动所作用的特定系统，即把管理对象作为由多种因素组成的有机整体。系统与外界环境有信息、能量、物质交流。高校学生管理作为高等学校管理工作的重要组成部分，其相对应的工作对象无疑是指高校学生，从广义角度来看，这些学生应包括所有在高校求学的学生，即专科生、本科生、硕士生、博士生等。因为这些人都是高校学生管理活动的承受者。高校学生管理牵涉诸多知识体系，包括管理学、教育学、青年心理学、政治学、人才学等，因此，高校学生管理是一门综合性、政策性很强的应用科学。它具有自己独特的研究对象，这个对象就是学生管理活动本质的、内在的联系及其发展变化的规律。

高校学生管理作为学校管理的一个重要方面，同其他管理工作一样，都是以教育领域某一方面的特殊现象和规律为研究对象的，它必然要受到教育领域总规律的支配与制约。因此，它又不同于管理工作的其他分类工作，具有相对的独立性。人们只有既认识到高校学生管理工作与其他管理工作的密切联系，又认识到它与其他管理工作的不同特点，才能真正揭示高校学生管理现象本身所具有的特殊规律，使之成为一门具有特性并富有成效的管理工作。

作为一门管理工作，一般而言，总要有相应的学科知识成为其所依循的工作方针，而一门学科的成立必须具备一个必不可少的条件，即它必须具有一套系统的范畴体系。范畴体系既体现了研究的角度，也展示了研究的内容，同时又表明了其相互间的关系。因此，准确而恰当地表述高校学生管理学的研究内容，最好的办法是确立这门科学的框架和范畴体系。高校学生管理工作要研究的内容应涵盖五个方面：

第一，学科理论的研究。其包括高校学生管理科学的性质、理论基础、研究对象和领域、主要研究任务、学科的地位和作用，高校学生管理的指导思想和原则，如何对历史的经验进行抽象和概括以纳入理论体系之中，如何移植、融合相关学科的理论，不断丰富、完善和发展高等学校学生管理科学等。

第二，方法论的研究。研究高校学生管理科学的方法论，一方面要研究根本的思想方法；另一方面还要研究具体的管理方法，如思想政治教育管理、大学生社区管理、教学与学籍管理、校园文化管理（含网络管理）、奖惩制度管理、社会实践管理、社团管理、心理健康与咨询管理、就业管理、学生党员管理与党建管理、学生干部队伍管理、学生群体性突发事件的应急管理等方面的管理方法与手段。

第三，组织学的研究。高校学生管理是一项系统工程，必须形成有效的网络系统，发挥最大的组织功效，如高校学生管理的组织领导体制、学生管理队伍的建设、学生管理的现代化趋势等，都必须做更为深入、全面的探讨。

第四，学生管理制度与国家法律法规、中央相关政策、教育规律、教育法规、政治文明建设进程的相互关系以及相关政策法规和知识系统的研究。

第五，学生成长规律、心理生理特点与管理工作的有机联系研究，青年群体之间相互作用关系与高校学生管理工作的互动共生研究。

二、高校学生管理的任务

高校学生管理工作的基本任务，不仅包括研究学生管理学的相关体系，即研究高校学生管理工作与活动的知识系统理论，而且更重要的是这种研究必须着眼于寻求学生管理工作本身所蕴含的特殊矛盾，领悟和把握学生管理工作的运行规律，以更好地运用于学生管理工作的实践之中，有力地推动高校学生管理工作。高校学生管理工作的主要任务包括以五个方面：

一是坚持马克思主义关于人的全面发展理论和党关于全面建成小康社会时期的教育方针，贯彻党的基本路线，以马克思主义、毛泽东思想、邓小平理论、"三个代表"重要思想、科学发展观及习近平新时代中国特色社会主义思想为指导，以马克思主义哲学原理为方法论，认真贯彻落实新的《普通高等学校学生管理规定》，遵循党的教育方针和学校的培养目标，为培养全面发展的高素质的人才服务。

二是系统总结中国高校学生管理工作的经验和教训。学生管理是一种既古老又年轻的社会现象，它伴随着学校的产生而产生，有着悠久的历史传统和崭新的时代内容。

三是批判地继承历史上的高校学生管理工作遗产，借鉴国外学生管理工作经验，吸纳教育学、社会学、政治学、青年心理学、系统管理学、文化学等相关学科的知识理论，构建具有中国特色的、符合时代精神的高校学生管理模式。中国是一个历史悠久的文明古国，先辈们在学生教育和管理工作中积累了丰富经验，这是宝贵的历史文化遗产，应当批判地继承，做到古为今用。同时，还应大胆借鉴国外高校的学生管理工作经验，去粗取精、去伪存真、融会提炼、博采众长，做到洋为中用。这样才能构建具有中国特色的高校学生管理理论体系，并以此来指导实践，形成高效的、有益于大学生身心健康成长和成才的学生管理模式。

四是加强科学研究，注重实践探索，不断发展高校学生管理工作的理论体系，推动高校学生管理工作模式健康运行。尽管我国的学生管理工作有着丰富宝贵的实践经验和悠久的历史传统，但就总体情况而言，它与不断发展的中国特色社会主义的形势和发展趋势还存在着某些不适应，面临着许多亟待解决的问题，无论是从理论要求上，还是从实践需求上，都需要科学化、理论化、法制化、人性化等诸方面的规范。因此，作为学生管理工作者，必须加强学生管理工作的科学研究，大胆探索，不断创新，切实把握新时期学生管理面临的新问题、新内容和新特点，努力用新方法、新思路和新手段去适应学生管理的新规律和新形势，使学生管理的理论与方式与时俱进，不断丰富和完善。

五是以理论创新推动实践创新，促进学生管理工作的科学化、法治化和人本化。如何体现其管理制度的科学化、法治化和人本化，这是一个理论研究的问题，不仅需要研究法律与青年学的相关理论，还需要研究管理学方面的理论，同时更应注重将管理学、法律学、青年学有机结合，形成理论创新，推动实践创新。因为，大学生的管理不是一般的管理，而是一种对青年的管理，这种管理是要将这些有着一定知识的青年培养成德、智、体、美、劳全面发展的人才的管理，换言之，这种管理的最高宗旨是要促进学生全面发展，使其成为国家的建设者和接班人。这就使学生管理工作牵涉一系列理论研究与实践探索，这是现实交给学生管理工作者的光荣而艰巨的任务。

第三节　高校学生管理的原则

一、高校学生管理的指导思想

研究中国高校学生管理，主要应注意运用四个方面的理论观点和指导思想。

（一）坚持马克思主义关于人的全面发展的理论

坚持马克思主义关于人的全面发展的理论，培养有理想、有道德、有文化、有纪律的全面发展的高级专门人才，是中国高校教育的根本任务。

社会主义大学的性质决定了社会必须确保学校培养的毕业生，不仅要有扎实的科学文化知识和健康的体魄，而且必须具有高度的社会主义觉悟，也就是要有理想、有道德、有文化、有纪律。要培养这样的新人，就必须按照马克思主义关于人的全面发展的教育思想办学。马克思主义教育思想的核心就是关于人的全面发展的学说。培养德、智、体、美、劳全面发展的建设者和接班人的教育方针，是马克思主义这一理论精髓的具体运用。

(二)运用马克思主义关于辩证唯物主义的理论

运用马克思主义关于辩证唯物主义的理论，用对立统一观点指导高校学生管理，在管理中坚持整体观。马克思主义辩证唯物主义哲学是一切社会科学和自然科学的理论基础。马克思主义的认识论和方法论，渗透于所有社会科学和自然科学，所以，也同样渗透于高校学生管理科学。要运用对立统一观点，坚持管理的整体观。在纵向上，坚持整体观就是局部与整体的统一，从学生管理工作的整体系统看，组成这个有机整体的各部分又都是一个支系统，是局部。学生管理系统的整体功能是由各部分的组合形式决定的，虽然支系统都各具有特定功能，但它们都应服从学生管理系统整体的目的和功能，各个支系统的要素都是为了整体目的而建立的。在横向上，坚持整体观就是处理好各支系统之间的分工与合作，把各部门都协调到为培养全面发展的人才这一共同管理目标。

(三)运用高等教育和现代管理科学理论

运用高等教育和现代管理科学理论指导高校学生管理，使大学生管理科学化。现代治校观念要求管理者运用现代科学来管理学校、管理学生。具体来讲，有两个方面：

1.要靠教育科学,要遵循教育的外部规律与内部规律办事

例如高等教育的规模由一定的经济基础所决定，反过来又作用于一定的经济基础。高等院校作为高等教育的主要载体和平台，面临着越来越激烈的人才、资源、市场竞争，理念、体制、结构也面临着新的变革和调整。高校要准确把握社会脉搏，直接面对市场办学。大学生管理也要研究新情况，解决新问题，面向21世纪培养高素质复合型人才。

2.要靠运用现代管理科学的理论与方法进行管理

使学生管理队伍的组织机构严密，管理制度科学，人员分工合理，职责范围明确，奖惩分明，动作协调，工作高效等。运用现代管理科学指导学生管理主要是运用它的基本原理，如系统整体性原理、要素有用性原理、动态相关性原理、人的能动性原理、规律效应性原理、时空变化性原理、信息传递性原理、控制反馈性原理等。应在管理实践中力争使管理组织系统化、管

理决策科学化、管理方法规范化和管理手段现代化。

(四)继承和发扬中国高校学生管理的成功经验

中华人民共和国成立后，多年来高校学生管理工作的成功经验是当今学生管理工作的宝贵财富。

1.社会主义大学必须坚持中国共产党的领导,坚持社会主义方向

坚持党的领导就是用党的路线、方针、政策作为社会主义大学管理的基本指导思想，就是要确保社会主义大学的社会主义方向，调动全校师生员工的积极性，为培养德、智、体、美、劳全面发展的高级专门人才努力奋斗。

2.管理工作规范化、制度化

把符合社会主义方向的，又经过实践检验比较成熟的民主管理和科学管理体制、程序、办法用制度形式固定下来，形成工作规范，其中心点是责、权、利相结合，使制度的思想性和科学性统一。

3.坚持理论联系实际的原则,面向社会实践,实行教育与生产劳动相结合

社会主义大学培养的人才，必须适应社会主义市场经济的需要，在思想上有高度的社会主义觉悟和共产主义献身精神，在业务上不仅要有理论知识，而且要有较强的分析问题和解决问题的能力，要有实干精神和较强的独立工作能力。

二、高校学生管理的基本原则

(一)高校学生管理基本原则的概述与依据

1.高校学生管理基本原则的概述

原则是对客观规律的反映，是观察问题和处理问题的准绳。高校学生管理的基本原则，是指高校在对学生实行全面管理和全程管理的过程中，观察、认识和处理各种矛盾与问题所必须遵守的基本准则，是对学校各级、各方面管理人员进行科学化管理所提出的基本要求。高校学生管理的基本原则，是以社会主义高等学校人才培养规格为管理目标，以教育科学和管理科学理论为依据，其是在长期的管理实践中，认真总结学生管理活动的经验教训，不断归纳提炼出来的，是学生管理活动发展到一定阶段的必然产物，有着丰富的内容，是一个多层次的、相互联系的完整体系。

高校学生管理基本原则集中体现了学校管理的基本规律和本质特征，在整个学生管理过程中起着重要作用。学校各类管理人员，在工作实践中，总是自觉或不自觉地遵循着某种原则，而只有在科学的原则指导下，才会使学生管理工作有效，才能实现管理的目标。高校学生管理工作涉及学生各个方面，它包括学生行政管理、学习管理、生活管理、思想政治教育管理、校园文化活动管理等，内容包罗万象，涉及面非常广泛，因此，要使整个管理工作有序进行，实现高校学生管理的科学化、系统化和规范化，就必须认真贯彻执行学生管理的基本原则。

随着高校扩招、高等教育规模的扩大、高等教育由精英教育转向大众教育以及高等教育改革的不断深化，新事物、新问题不断涌现，高校学生管理面临许多新的矛盾、新的课题。面对这些新矛盾、新课题，高校学生管理工作者必须把握方向，明确目标，遵循学生管理的基本原则，勇于探索实践，一切从实际出发，深入研究学生管理的实践活动，坚持学生管理工作按客观规律办事，使学生管理各部门的工作协调一致，相互配合，从而保证学生管理目标的实现，为社会主义现代化事业培养优秀的建设者和接班人。

2.高校学生管理基本原则的依据

高校学生管理基本原则的形成具有很强的实践性，它源于实践，具有充分的实践依据；同时，它又以教育科学和管理科学为理论基础，有着充分的理论依据。

（1）理论依据是人的全面发展理论和教育方针

中国社会主义大学的性质决定了我们必须确保学校培养的大学生是具有较高素质的人才，不仅要有扎实的科学文化知识和健康的体魄，而且必须具有高度的社会主义觉悟，即要有理想、有道德、有文化、有纪律。造就全面发展的人，是高校的培养目标，是办社会主义大学、培养新世纪建设者和创造型人才的出发点与归宿。社会主义学校制定学生管理的基本原则，就是要以"以人为本"的思想及教育方针作为理论依据。

（2）科学依据是高等教育科学和现代管理科学

高等教育具有自身客观存在的规律性，只有认识和掌握这些规律，并按照规律办教育，才能确保培养目标的实现。高校学生管理作为高等教育的一个重要组成部分，必须遵循高等教育的客观规律。高等教育规律分为外部基本规律和内部基本规律。外部基本规律揭示了教育与经济的外部关系，主要反映教育在国家建设和社会发展中的地位与作用、教育投资的经济和社会效益、教育的主要社会职能等方面。尽管在教育、经济与社会文化等诸多关系中，它们存在着相互影响与制约的作用，但总的来说，在经济、社会文化与教育的相互关系中，是经济、社会文化决定教育而非教育决定经济、社会文化。因此，随着经济、社会文化的发展，教育也将发生变化以适应和服务于经济、社会文化。作为高等教育中的学生管理当然也如此，一部中外教育史，往往折射中外的经济和社会文化变革史，这是高校学生管理者必须明确的。

内部基本规律揭示了教育的内部关系，主要反映在培养目标，以及不同专业人才的培养规格、途径与方法等方面，它与社会的变化密切相连。科学的发展，促使教育手段不断优化，科学的发展和社会的变革对人才提出了新的要求，这又促使教育的培养目标发生变化，如此等等，不一而足。高校学生管理必须遵循教育规律，要根据中国高等教育发展的状况，充分认识高级专门人才培养对发展社会主义市场经济所起的积极作用，使高校培养的学生主动适应社会需要。要进一步明确社会主义高等学校的培养目标和人才规格，端正办学指导思想，摆正德、智、体、美、劳之间的关系，积极探索更为有效的管理途径与方法，使高校学生管理系统化、科学化和现代化。

运用现代管理科学的理论与方法对高校学生进行管理，是时代发展的必然要求。现代管理科学作为高校学生管理原则的依据，就是在制定学生管理基本原则时，使学生管理队伍的组织机构严密、管理制度科学、人员分工合理、职责范围明确、奖惩分明、动作协调、工作高效。高校学生管理人员要善于运用现代管理科学的系统整体性原理、要素有用性原理、动态相关性原理、人的能动性原理、规律效应性原理、时空变化性原理、信息传递性原理、控制反馈性原理等，使学生管理组织系统化、管理决策科学化、管理方法规范化和管理手段现代化。

（3）实践依据是70多年来中国高校学生管理的经验与教训

社会主义大学必须坚持社会主义办学方向。坚持社会主义大学管理的基本指导思想，就是要确保社会主义大学的社会主义方向，调动全校师生员工的积极性，为培养全面发展的新世纪的建设者和接班人而不懈奋斗。一切管理工作都要根据对应的方针、政策去组织和实施。各项规章制度的制定都要有利于调动广大师生员工建设社会主义的积极性、有利于合格人才的培养，为社会主义市场经济的建设和发展服务，为社会经济协调持续发展和全面建成小康社会服务，这是确立高校学生管理基本原则的立足点。

坚持实践第一的观点，理论联系实际，面向社会，实行教育与生产劳动相结合。社会主义高校培养的人才，必须适应经济和社会发展的需要，在思想上有高度的社会主义觉悟，诚实守信，敬业乐群，有奉献精神，在业务上既要有较好的理论素养，又要有较强的分析问题和解决问题的能力，要有脚踏实地的实干精神和开拓创新的创造能力。这既是高校学生管理原则制定的出发点，又是其归宿。

尽管高校学生管理取得了成功的经验，但并非一路凯歌，在成功中也有教训。进入21世纪以来，不断涌现的大学生与所在学校的诉讼案告诉我们，高校学生管理制度亟待与时俱进，要有所创新。

（4）法律依据是依法管理

依法管理学生工作是社会发展的必然要求。

第一，依法管理学生工作，是建设社会主义法治国家的客观要求。社会主义法治国家的建立，不仅需要有完备的法律体系，更需要全体公民具有良好的法律意识和法律素质，使国家和社会生活的各个方面实现有法可依，违法必究。高校大学生是社会知识群体的一部分，他们的行为对社会具有较强的示范和影响作用。依法管理学生工作，有利于新时期依法治国方针的实施。

第二，依法管理学生工作，是社会主义市场经济的客观需要，社会主义市场经济的本质决定它必须是法治经济。市场主体的活动，市场秩序的维系，国家对市场的宏观调控，对外开放的坚持与完善，以公有制经济为主体多种经济成分共同发展的基本经济制度的巩固和完善，按劳分配为主体的多种分配方式的有效运作，市场对资源配置基础性作用的发挥，都需要法律的规范、引导、制约和保障。这是完备的市场经济体系形成的最基本条件之一、同样它也必然要求整个社会生活步入依法管理的轨道。高等学校作为市场经济的主体之一，它的运作必然要按照市场经济的需求来进行。高校的学生管理工作开展与实施是高等学校育人工作的一项重要内容，理应符合市场经济的要求，市场经济要求依法进行，当然，高校的学生管理工作也需要依法进行。只有这样，高校学生管理工作才能经受住挑战，并融入市场经济，实现与市场经济的接轨。

第三，依法管理学生工作，是高校内部改革的需要。随着改革的不断深入，高校后勤社会化的进程日趋加快，这既有利于高校集中精力抓好培育人才、发展科学及服务社会等工作，同时，也为发展社会第三产业，提高就业机会创造条件。实行开放式管理，要使大学生既能适应后勤服务社会化的管理，又要实现高校教育培养目标，实现学校管理与社会管理的接轨，就必须依法管理学生工作。

第四，依法管理学生工作，是师生个体完善的内在要求。改革开放以来，中国的社会主义法律体系以很快的速度丰富和发展，法律已渗透到社会生活的各个方面，规范着人们的行为，在高校学生与学生之间、学生与老师之间、学生与学校之间都可以找到法律、法规所适用的内容和范围。普通高校大学生一般均具有民事和刑事行为能力，是完全行为能力人。因而依法开展学生工作，有利于促使学生养成知法、用法、护法的良好习惯，同时，又能使学生明确自己的义务、权利、职责等，这些对于推进全社会法治化进程，进而建设社会主义法治国家都有着积极作用。

高校学生管理工作迫切需要依法管理。

第一，长期以来，思想政治教育工作作为高校学生管理工作的一项重要内容，发挥着巨大作用。大学生的行为越来越社会化，在这种情况下，仅靠思想政治教育工作，显然远远不够、只有逐步实现依法开展学生管理工作，才可能走出学生教育管理工作的困境。

第二，全民普法教育虽已进行多年，大学生的法制教育也进入了课堂，但在实际工作中，有的执法部门出于对大学生前途的考虑，在处理问题时在某种程度上影响了法律的严肃性。

第三，在高校学生管理工作中，有学生违纪后出走等事件时有发生，这给学生管理工作带来了许多问题。有的学生家长却把责任推给校方，甚至影响了高校正常的教学和管理工作，增加了学生管理正常工作的难度和复杂性。因而，实现依法管理，有利于明确个人行为的法律责任，无疑是解决此类问题的良策。

第四，高等教育面临着21世纪的挑战，人们的教育思想、教育观念也正在进行积极的调整和改变，素质教育已成为教育改革的方向。实现用法律管理高校学生工作，用法律法规来调整大学生的行为，有利于提高学生管理工作的效率与质量，减少教育管理工作者额外的劳动，也为实施素质教育创造了一定条件。

要依法开展高校学生管理工作。

第一，针对高校这个特殊群体制定专项法律、法规来加以规范。从目前高校实际来看，对于学生的违纪、违规的处理，院校之间掌握的尺度并不一致，影响了处治的公平性。如果有了明确的法律、法规作为统一公平的标准那就较为客观，处理的效果可能会更好一些。

第二，要大力加强大学生法律意识教育。目前，高校法律课往往只在某个年级阶段开设，且形式较为单一，加之课时较少，难以保证让大学生系统地了解法律知识，增强大学生的法律意识更是困难重重。因而，大力加强大学生的法律意识教育，使其贯穿于大学生的整个学习阶段，不仅仅是为了方便学生管理工作者对大学生在校期间的管理，更主要的是使大学生树立牢固的法律意识、养成良好的学法、知法、守法和护法的习惯，毕业后步入社会发挥引导和示范作用，推动整个社会法治化建设。

第三，要逐步形成依法管理高校学生管理工作的育人环境。依法管理高校学生管理工作不能仅仅针对学生，而应当是全校的各个方面都要依法进行管理，尤其是管理干部和教师要特别重视强化自身的法律意识。在处理老师之间、师生之间的问题时，也要体现依法管理的原则。在制定管理规定时，应充分考虑到法律的一致性。在实施依法管理的过程中，也要体现人人平等、一视同仁的原则，只有这样，才能切实做到依法管理。

第四，要建立一支适合依法管理的高校学生管理工作干部队伍。要在高校学生管理工作上实施依法管理，就必须建立一支适合依法管理的高校学生管理工作干部队伍。可以挑选一些思想政治觉悟高且热爱学生工作的同志，进行法学理论方面的专门培训，使他们能获得法律方面的专业理论知识，鼓励他们攻读法学类研究生和考取律师资格证等，以他们作为基础力量，外聘一些专职的司法工作者，组成学生法律援助组织和仲裁机构，并与司法部门建立联系，协同接受各类申诉，处理一些案件，这样对依法管理高校学生管理工作将会非常有利。

依法管理是做好高校学生管理工作的一条有效途径，但在实际工作中，我们不能夸大依法管理的作用，也不能抛弃传统的思想政治教育的模式，只有把二者有机地结合，才能有效地做好各方面工作，从而实现高校学生行为管理与社会行为管理的接轨，使高校学生养成自觉遵守法规的习惯，成为有理想、有道德、有纪律、有文化、身心健康、成熟坚强的现代化人才。

(二)高校学生管理基本原则的内容

1.工作方向性的原则

管理是一种有目的的活动，管理工作必然具有方向性。以坚持社会主义方向为准绳，这是中国学生管理工作的一个本质特点。社会的性质制约着学校的性质，进而决定学校一切管理工作的性质，因此高校学生管理工作要作为一种有目的、有意识的自觉活动，为社会主义现代化建设培养造就大批合格人才，这是高校学生管理工作必须遵循的一条最基本、最重要的原则。

2.理论与实践相结合的原则

理论与实践相结合，坚持实践是检验真理的标准，这是马克思主义的基本原理，也是高校学生管理的基本原则。准确领会和掌握马克思主义相关科学及各种管理原理，把握它们的精神实质，这是搞好学生管理工作的前提。但是，管理原理的应用价值和范围是受不同学校、不同管理对象与管理者水平等因素制约的。党和国家在社会主义现代化建设进程中有着基本的教育方针和政策，在各个不同发展时期，针对不同特点又提出一系列具体的方针、政策和要求。这些方针、政策和要求，应当体现在各高校学生管理的具体措施、方法之中，但是科学的学生管理必须从本地区、本校、本专业、本年级学生的具体情况出发，从学生的素质、兴趣、爱好和青年的生理、心理特点等出发，制定相应的方法和措施。

3.行政管理与思想教育相结合的原则

培养学生的共产主义思想品德，既需要耐心细致的说理教育，也需要坚持不懈的行为训练，使学校的教育要求变为学生的行为习惯，否则，教育的效果就不会巩固。学生良好行为习惯的训练和培养离不开科学的管理，没有合理的规章制度、行为规范，思想政治教育就会空乏无力。行政管理在培养社会主义合格人才的过程中具有不容忽视的作用，它为教育工作提供规范、准则和纪律保证，但是具体的大学生管理是通过规章制度、行为纪律对学生的思想行为进行科学的指导和制约的。这些制度、措施、纪律表现为社会与学校的集体意志对大学生的要求，表现为对大学生行为的外在限制，因此，想单纯地运用管理制度去解决学生复杂的精神世界问题是违背教育规律和不切实际的。高校对学生进行管理的措施的制定与实施，必须以提高学生的认识能力、培养学生自觉遵守规章制度的自觉性为前提。自觉的纪律来源于正确的认识，离不开正确的教育，只能通过科学而有效的思想教育，帮助学生提高执行纪律的自觉性，才能真正实现管理的效能。

4.民主管理的原则

高校学生管理工作的一个重要方面，就是要培养学生自我控制、自我管理的能力，激励学生在管理中的主动意识和主人翁态度，充分调动学生自我管理的内在积极性。因此，社会主义学校学生管理工作中坚持民主管理的原则才是符合整体管理目标的。

从大学生的心理特征看，他们处于心理自我发现期，这一时期他们产生了认识和支配自我、支配环境的强烈意识，他们的思想和行为表现为明显区别于中学生的相对独立倾向，希望自己的意志和人格受到外界更多的尊重。他们会思考学校制定的规章制度、行为纪律的合理性，一般不希望被动地处于服从和遵守的地位，而是要求参与管理。根据学生培养目标与其心理特点、在管理工作中应充分发扬民主，把学生看成既是管理对象又是管理主体。

在实行民主管理时，应注意发挥党团员学生的作用，重视学生干部的选拔与培养，这是调动学生中的积极因素、实现学生民主管理的重要任务之一。

第四节　高校学生管理的作用

高校学生管理是学校管理的一个重要分支，是学生管理理论与实践的高度综合与概括。半个多世纪以来，中国高校学生管理的实践证明，对大学生的成功管理，要遵循高校管理的基本规律，把握高校特点。只有这样，才能使高校学生管理产生积极的效益，确保学生成才。

一、高校学生管理的特征

(一)政治性特征

管理是一种有目标的活动，管理工作必然具有某种方向性。当前，高校学生管理必须紧紧围绕着为全面建设小康社会，为中国特色社会主义培养合格人才这一中心目标服务，这是目前中国高校学生管理工作的一个本质特点。

学生管理工作作为一种手段，是为教育方针服务的，而教育方针是一定时代的政治、经济和文化等现实在教育领域的反映。众所周知，中外教育史上都有重视德育的传统，但在不同时代、不同社会，其德育中德的内涵是大不相同的。

学生管理工作的政治性，决定了学生管理工作者必须具备应有的政治素质，不断提高自身的政治敏锐性，时刻关注政治局势，把握大局，保持与党中央的高度一致。

(二)针对性特征

学生管理既然是管理，就不会离开管理学科的特点，它不可避免地要吸收国内外相关管理科学方面的理论知识体系和工作经验。但大学生管理不同于一般管理，它有着自己的特殊性：①管理的对象是大学生（从社会角色而言），他们本身就是一个特殊的社会群体，是一群掌握着一定基础知识和专业知识的潜在人才群体。②管理的对象是青年（从生理心理角色而言），他们处于血气方刚、激情澎湃、感情冲动、充满朝气的人生阶段。③管理的对象是正在接受知识教育和思想道德教育的青年群体，他们是一个处于想独立而在经济上又不能独立的半独立状态的青年群体。

以上三方面特点决定了高校学生管理的针对性，决定了高校学生管理必须涉及青年学、生理学、心理学、教育学、人才学和管理学等诸方面知识体系。

从青年学（含生理学、心理学）的角度而言，应当看到，大学生管理面对的是朝气蓬勃的青年人，他们的世界观、人生观、价值观尚未完全定型，他们对异性的关注和对人生的理解等，都有着这个时代的烙印，受到所处的时代环境的影响，与20世纪五六十年代生长起来的一代人是有着明显区别的。要管理好他们，就必须研究了解他们；要研究了解他们，就必须把握时代特征；要把握时代特征，就必须弄清楚这个时代的政治、经济、文化及科学技术发展大方向。

从教育学的角度而言，高校学生管理必须有利于青年大学生的成长，必须符合教育规律。换言之，就是大学生管理必须按教育学、人才学所揭示的规律来进行。比如，大学生德育、智育、体育在学生管理中如何有机融合的问题，知识的获得与能力的培养如何有机协调的问题，尊重学生个性与学校统一管理如何获得有效一致的问题，课堂教学与社会实践如何结合的问题等，都是需要认真研究探索的。

从管理学的角度而言，科学的管理从本质上讲是法治化、人性化的管理。管理的有效实施离不开规章制度的建设，而法律与规章制度的制定往往是以一定的理念为指导的。在法学中，指导法律制定的是法理（法律理论）；在政策学中，指导规章与政策制定的是政治理论和与政治理论相关的哲学理论。由于法律与规章及政策所针对的都是人，所以都离不开对人的理性化认识。

(三)科学性特征

对于大学而言，建立一套集德、智、体、美、劳及日常生活管理于一体的系统管理制度，其实质是一种约束和规范，即把学生的思想、情感、行为和意志等引导到国家所倡导的培养目标。这一活动目标的实现要求制度具有科学性，而高校学生管理制度的科学性至少包括四方面内涵：

1.符合法律法规

即要求学生管理制度符合国家的法律法规精神的要求。

2.符合学校的实际

学校的实际包括学校的层次类型以及学校所在地的地域人文风情。

3.符合大学生的生理心理特点

这就要求高校的学生管理制度制定者必须了解学生，既要了解大学生的实际情况，又要清楚培养目标与要求。

4.具有可操作性

作为管理制度，有理论指导，又与理论有所不同，其最大特点就是它必须具有可操作性才能真正达到管理的目的，没有可操作性，再好的制度也只能是理论上正确而不能执行的制度。必须指出，在现实中确实有高校制定了难以操作的规章制度。

二、高校学生管理的作用

高校学生管理工作是高校教育管理工作的重要一环，其责任总体上与高校的根本任务是一致的，这种责任决定了高校学生管理工作的重要作用。它主要反映在三个方面：

（一）育人的作用

高校学生管理是高校管理的重要方面，高校是人才培养的基地，高校管理是为培养人才服务的，高校学生管理更是直接针对大学生的，但这种管理却与一般意义上的管理不一样，它不是单纯的管理，而是带有教育性质的服务，即不仅要通过管理促进高校的有效运行，而且要通过管理达到教育目的，使学生成为高校的合格"产品"。也就是说，高校的学生管理是一种"管理育人"的管理，这种管理要与高校的教学、思想政治工作和心理健康教育等一系列工作有机结合，产生一种管理育人的效果，促使教育方针在高校真正得到落实。

（二）稳定的作用

高校学生是一个特殊的社会群体，他们具有青年的特质：朝气蓬勃、充满激情、追求真理、关心时事，但同时也有着青年固有的不足。他们在法律上是完全民事行为能力人，但从某种意义讲，他们在心理上却是准成年人。与其他同龄人相比，他们掌握着更多的知识，但较之真正的知识分子，他们的知识又存在结构上的缺陷和知识量上的不足。在全面建成小康社会后，各种政治、经济、社会和文化等方面的矛盾必将影响到大学生，如果管理不到位，高校的群体事件就可能变为政治性群体事件，从而给社会的稳定带来威胁。因此，依法管理，预警在先，通过制定并实施符合学校实际的规章制度，引导大学生端正学习态度，明确学习目的，掌握正确的学习方法，养成良好的生活习惯。通过各种渠道和措施，帮助大学生培养良好的心理品质，形成稳定的情绪，从而保持学校的稳定，是高校学生管理的重要作用之一。

（三）增强能力的作用

高校是培养人才的场所，因此，高校的学生管理应有培养学生的功能，应发挥增强学生能力的积极作用。例如：社会实践的管理，可以增强大学生的社会实践和社会活动能力；实验室的管理，可以增强学生的动手能力；心理咨询活动，可以提高学生自我认识、自我调节的能力；学生的党团活动，可以提高学生对党团的认识水平等。

第二章　中国高校学生管理的变迁与经验

第一节　高校学生管理的历史变迁

中华人民共和国成立70多年来，高校学生管理大致经历了三个发展阶段。

一、摸索阶段（1949—1957年）

1949-1957年期间，中国基本上完成了对高等学校的改造。在这个时期，一方面在老解放区干部学校的基础上，学习苏联教育经验，创办了中国人民大学和哈尔滨工业大学，另一方面对国民党政府遗留的高等学校进行了初步改造。

现行的全国高等学校统一招生制度，是在新中国成立初期由学校单独招生改为联合招生的基础上逐步形成的。1949年，所有高校都实行单独招生，招生计划和办法都由各校自行决定。条件好的学校一次或二次招考即可足额，其他学校则多次招考仍不足额。考试成绩好的学生往往被几所学校同时录取，造成新生报到率很低，最高的只达录取数的75%，少数学校仅有20%。

为了使招生工作逐步纳入国家计划轨道，1950年教育部采取联合或相互委托的招生办法，1951年扩大为行政区范围内统一招生，收到较好效果。但各大行政区之间学生来源不平衡，又没进行必要的调剂，以致学生来源较少的西北、东北地区的高等学校招生不足额。1952年，为保证全面完成高等学校的招生计划，由大行政区范围内的统一招生过渡到全国统一招生，即由全国统一命题，统一规定报考条件、考试科目、政治审查标准、健康检查标准、录取新生的原则，以及招生的方针、政策、办法，各地区根据全国统一规定，结合当地具体情况，分别办理报名、考试、政审、体检、评卷和录取等工作。1953年，高校执行向工农开门的方针，当工农速成中学毕业生、产业工人和革命干部等的考试成绩达到录取标准时，可优先录取。这一时期的毕业生分配工作做法是实行政府招聘和地区调剂的办法。1951年，开始明确统一分配，由教育部和人事部共同负责。1956年，编制计划工作移交国家计委，教育部负责调配派遣。

二、全面建设阶段（1957—1966年）

在招生制度方面，这一时期强调政治挂帅和贯彻阶级路线，对工人、农民、工农速成中学毕业生和工农干部等采取免试保送入学的办法，不参加全国统一考试。1958年，录取新生中的工农成分学员的比例虽然有显著提高，但文化水平有所下降，给教学工作造成困难，一定程度上影响了人才的质量。1959年，国家又恢复了全国统一招生制度，取消了免试保送入学的做法。

在学籍管理方面，颁布了《关于处理高等学校学生转专业、转学、休学、复学、退学等问题的规定》。为提高教育质量，1962年制定了《教育部直属高等学校学生成绩暂行规程（草案）》。

三、全面改革阶段（1977年至今）

（一）高校招生确立全国统一考试制度

学生按招生计划择优录取入学，培养人才和学生管理中贯彻德、智、体、美、劳全面发展的方针，稳定和维护学校的教学、生活秩序，不断提高教育质量。坚持健全管理制度同加强思想教育相结合的原则，因材施教，鼓励先进，充分调动和发挥学生的积极性，使其生动活泼、主动地得到发展。

（二）恢复各种规章制度

高校招生确立全国统考制度后，高校要保证正常的教学、生活秩序，必须要有健全的规章制度。教育部制定了《高等学校学生学籍管理的暂行规定》，对新生入学、成绩考核、升留降级、转专业与转学、休学、复学、退学、毕业以及鉴定、考勤、奖励、处分等做了规定，各高等学校依此管理，逐步建立了正常的教学秩序；针对当时宣传报道和高校管理人员中对于学籍方面一些名称概念不清、提法混乱的情况，统一了学籍管理名称的提法；对学历证书加强了管理，教育部对各校制发的毕业证书内容做了统一规定，并严格要求毕业证书限于发给本校具有学籍的学生；对高校学生结婚、出国探亲、退学后的有关问题等做了规定。经过短短几年的努力，高等学校学生管理制度基本建立，工作走上正轨。但如何提高管理水平，保证教育质量，革除不利于调动学生积极性的因素，达到严格要求与灵活管理的统一，充分发挥学生的活力，是学生管理工作中应不断总结、研究的问题。在广泛调查研究和充分征求意见的基础上，教育部于1983年颁布了《普通高等学校学生学籍管理办法》，在该办法的指导下，各高校学生管理工作进一步规范，相关的规章制度进一步建立、健全起来。

(三)改进学生管理工作的内容、形式和方法

这一时期高校学生管理工作在全面贯彻党的十一届三中全会以来的路线，坚持四项基本原则，坚持改革开放的总方针、总政策，保证教育为建设有中国特色的社会主义服务，保证学校的社会主义方向，保证学生德、智、体、美、劳全面发展，动员全体师生员工完成国家给予的培养人才的任务的总要求下，积极稳妥地对学生管理工作进行了多种形式的改革试验。在对学生的教学管理方面，试行了学分制、筛选制、双学位、主辅修、本专科交叉等办法；在学生的日常行为、思想教育方面，加强马克思主义理论教育和形势政策教育，把思想政治教育与业务教学工作结合，把教育与管理结合、引导学生正确认识遵守学校规章制度与学习的关系、在校学习与今后工作之间的关系，通过摆事实、讲道理、平等讨论解决学生的思想认识，严格要求，积极疏导；在课外活动方面，提倡、支持学生有组织、有领导、有目的地开展科技、文化、艺术、体育、勤工俭学等活动，积极引导学生参加社会实践；同时，不断改善学生学习、生活的条件，使学生在校有整洁、优美、安静、安全的学习和生活环境。

第二节　高校学生管理的经验借鉴

新中国成立70余年来，大学生的管理工作经过了一段曲折的历程。从中国的实际情况出发，又遵循管理的基本原理时，我们对大学生的管理就成

功。这些成功的经验，特别是近10年来的管理改革探索，使我们大学生管理工作逐步走上科学管理的轨道。总结这些正反两方面的工作实践，高校学生管理取得了一些基本经验：

第一，高校学生管理必须紧紧围绕培养目标，这就是要为培养社会主义的建设者和接班人服务。大学生管理作为一种手段，它是为实现教育方针服务的，离开了这个大目标，一切管理都是徒劳的，甚至还会走向反面。从这个意义上来说，大学生管理更需注重目标管理，在管理中体现引导作用，使培养的人才符合社会主义建设事业的需要，从而保证教育方针的贯彻。

社会主义政治、经济制度在中国的确立，决定了中国教育的社会主义性质。社会主义教育同以往封建主义、资本主义教育有着本质的不同，集中表现为坚持党对教育工作的领导，坚持教育为社会主义现代化建设服务，教育与生产劳动相结合，培养德、智、体、美、劳诸方面都得到发展的社会主义建设者和接班人。高校的工作应把培养什么人的问题放在第一位，大学生管理工作当然不能例外。

第二，高校学生管理必须遵循教育规律，建立健全一整套科学的管理制度，作为管理科学的分支，大学生管理理所当然地要注意吸收国内外创立的关于管理科学方面一切有用的经验和理论，以利于实现管理的基本目标。同时也必须看到，对于大学生管理来说，它具有自身的特殊性。管理对象是大学生，大学生不只是体现了人的要素，而且也是受教育者，他们既不同于中学生，也区别于走上工作岗位的干部，因此，对大学生的管理必须遵循教育规律，必须按教育学、心理学揭示的科学规律进行管理。诸如大学生智育与德育、体育的关系问题，知识的获得与能力的发展问题，课堂教学和社会实践关系问题等。在心理学方面，要重视和研究大学生的注意、感觉、知觉、记忆、思维、想象、情感、意志、气质、性格、能力等心理活动，使管理把握大学生的心理状态，使管理更切合实际。应该看到，当代大学生一方面希望成才，渴求理解，而另一方面他们往往脱离实际，缺乏实际工作能力，管理就应该体现针对性和有效性。一些高校开展大学生心理咨询活动，无疑是加强管理的一项有效措施。科学的心理咨询，可以排除大学生的心理障碍，引导大学生正确地思考和观察问题，防止一些不幸事件的发生，将一些矛盾和问题解决在萌芽状态。这些管理都是教育学、心理学及有关科学综合运用的成果。

管理作为一种手段，它主要是借助于各种规章制度、办法来实现目标。科学的管理从本质上讲是法治，依法治理，管理的许多原理就是通过这些规章制度、办法使之具体化并加以落实。就大学生管理来说，建立一系列德、智、体、美、劳以及日常生活各方面的管理制度，就是一种约束和规范，把全体学生的思想、行为引导到培养目标上，常说管理也是教育，正是通过这些管理制度来实现的。

要建立一套管理制度，首先，必须体现它的科学性。这套制度要符合客观的实际情况，符合事物发展的规律。要建立大学生的管理制度，就必须认真进行调查研究，要了解大学生，制度既要符合大学生的实际状况，又要体现培养要求，有它的可行性。有些制度还需考虑本地区或本校学生的具体情况，制定各项制度必须从实际出发，实事求是，理论要联系实际；其次，作为制度必须有可操作性，什么该做，什么不该做，做了又如何检查，都有明确条目，这样就便于制度的执行和贯彻。所谓有法可依，就是按规章办事。在这方面，特别要重视制度的配套建设。如实行贷学金制度，一方面允许学生借贷，另一方面需提出收回贷学金的办法。只有制度配套，可操作，才能真正达到管理的目的；再次，建立的制度必须体现它的稳定性。管理制度难免有不完善的地方，但应尽量保持稳定性，随着时间的推移和实践经验的总结，可做适当的调整、完善。

教育部公布的《大学生行为准则》和《普通高等学校学生管理规定》等都是在总结了长期以来大学生管理经验的基础上而制定的，有了这些规定，就可以照章办事。当然，在执行中，还必须结合本地区、本校的实际，对有些原则的规定加以具体化，提出实施办法。

在建立规章、制度、办法后，必须强调严格执法，要定期地进行检查和反馈。有法不依，不仅影响了这些法规的严肃性，而且降低了执法者的威信，是极其有害的，必然导致管理的混乱无序。

第三，高校学生管理必须建立一支训练有素的管理队伍。科学、完善的管理制度，需要管理者去制定并执行，建立一支训练有素的管理队伍是搞好大学生管理的关键和根本保证。应该看到，近几年来大学生管理队伍不断得到充实和加强，但一些大学生管理者还存在着不少模糊认识。主要反映在：

一是认为大学生管理只是些琐碎的事务性工作，而不认为它是一门科学，同样有许多课题需要研究，因而工作水平只停留在处理具体工作上，缺乏深入的理论研究；二是大学生管理面广量大、工作繁重，不如教学工作专一，远不如当个教授、讲师实惠；三是管理队伍待遇问题解决得不好，职称评定难度高，进修、出国机会少，等等。所有这些都导致大学生管理队伍不够稳定，一定程度上影响了管理的效能。

要提高大学生管理水平，首先必须提高管理者的素质。大学生管理者应该是专业人才，特别是管理理论成为一门迅速发展的学科后，管理工作需要有管理理论和管理技能的专门人才，那种称管理者是"万金油"的陈词必将被抛却。因而大学生管理队伍成员必须不断学习、进修，在实践中理论联系实际，不断提高工作水平。同时，作为管理者，既是管理职权的拥有者，也应是热情为大学生工作的服务者，是大学生的良师益友。一方面，以自己良好的政治品质和道德品质来影响学生，对大学生进行宣传、激励、培养、训练，其言论、行为都具有潜移默化的教育作用；另一方面，通过完成任务、实现目标来为大学生服务。大学生管理者不仅应该懂得管理学，还应懂得教育学、心理学、公共关系学、文学、美学等等。此外，还应加强自身能力的培养，包括组织能力，对大学生做思想工作的能力，调查研究、独立解决问题的能力。

大学生管理不是单个管理者的孤立行为，而是多序列、多层次管理者集体的协同活动。大学生的管理面广量大，从招生、培养到毕业分配，各个环节都以学生为中心，因而必须形成一股合力。在这方面，教师教书育人具有特殊的感染力，因此，专业教师也应是大学生管理队伍不可缺少的一员。只有多方位的不同层次的教育，管理才能更严密、更有效。20世纪五六十年代实行的教学业务工作和思想政治工作"双肩挑"的经验还是行之有效的，有条件的学校可以继续推广。

要加强和稳定大学生管理队伍，除了在政治上关心、在业务上给予提高、明确岗位职责、严格要求外，在生活上也应给予关心，和落实其他待遇，包括分房、提职、定级、评聘专业技术职务等都应与专业教师一视同仁，使他们能更专心致志地搞好本职工作。

第四，高校学生管理必须学校各部门齐抓共管。毛泽东同志早就指出：

"思想政治工作，各个部门都要负责任。共产党应该管，青年团应该管，政府主管部门应该管、学校的校长教师更应该管。"思想政治教育工作是这样，大学生管理工作同样如此，需要学校各部门齐抓共管，形成合力。中国的大学与资本主义国家的大学不同之处之一是对大学生的管理更为全面，除了学习之外，还包括生活上的管理，从行政管理、教学管理、课外活动管理到后勤管理都是大学生管理的重要内容。因此，必须改变大学生管理只是行政管理部门的事，更不能认为只是一些辅导员、班主任的事，齐抓共管是由高校的培养目标所决定的。管理育人、教书育人和服务育人是全面管理大学生的重要内容，也是学校的根本任务。

学校不仅要认识到齐抓共管的重要性，而且在组织上应加以落实。有些高校建立的定期的学校各部门联席会议制度或学生工作领导小组等在协调学生管理等方面都起了积极作用，收到了较好效果。

第五，在高校学生管理中，应处理好四个关系：

一是管理与育人的关系。大学生的管理是为了实现培养目标，采用有效的手段对各种因素（包括人、财、物、事、时空、信息）实行最佳结合（包括计划、组织、协调、控制等），以达到最大功效的过程。从这个意义上讲，管理的目的就是育人，只是它不是通过教学的形式或主要不是通过教学形式，而是通过一种规范和行政手段，因此在某些方面，它通过带有强制性的措施来实现育人的目的。

但在管理的同时，必须宣传为什么要这样管理，并有具体的教育内容。单纯的事务性管理不可能达到育人的目的，至于不切实际的管理，该管的不管，不该管的管头管脚，对于育人也是不利的。

对大学生的管理主要是通过管理者来实施的，因此，管理者的一言一行都必须严格要求。只有严于律己，为人师表，才能达到育人的目的。

二是严格管理与法制的关系。管理在许多方面是通过制定各种规章、制度、办法来实现的，这种规章、制度、办法本身是管理的一种形式，符合学校实际的一系列制度本身就体现了严格管理的精神。但在日常工作中，常常是一时强调严格管理而置自己所制定的制度于不顾。就以学生违纪处理而言，从警告、严重警告、记过、留校察看、退学到开除，每种处分都有一定内涵，它体现了错误的程度和党的政策，也体现了教育机构的基本职能。但也有些学校平时对违纪学生教育不够，到时算总账，或当强调严格管理时就一下子连跳几级，本可严重警告的却给予退学，甚至开除，这种失度的处理不仅达不到教育的目的，而且破坏了自己制定的制度。我们认为，严格管理首先应该是严格执法，按制定的法规处理，要严得适度，要体现教育部门的教育功能。当然，对于不完善的制度，不能体现严格管理精神的，也应从实际出发进行修订，使之完善。

三是管理的主体与客体的关系。管理总是包括管理者与被管理者两个方面，也就是管理的主体和客体两个方面。从大学生管理来看，一方面是学校——管理者，另一方面是大学生——被管理者，要实行有效的管理，不仅应体现在管理者的严格管理，也应体现在被管理者的严格守法。校方与大学生在管理上是既有不同又有相同的，只有学校的严格管理、没有大学生的积极配合，这种管理方式禁不住检验的。以教学管理为例，学生旷课50节就要退学，这是从保证教学质量的角度而制定的办法，但如果没有学生的认真配合，学生上课考勤记载马虎，即使缺课再多也无从处理。只有当学生充分认识了学校制定的法规的重要性，才能更好地配合校方加强管理。

四是从严管理与思想政治工作的关系。作为社会主义的高等学校，管理工作与思想政治工作既有分工，又必须相互配合、有机联系。只讲严格管理，只会按惩罚规定对号入座而忽视做思想政治工作，或者相信思想政治工作万能，置必要的行政手段而不顾的做法，都是片面的，都难以达到预期的目的。在这方面，有许多经验教训可以总结。管理工作者既要看到我们在思想政治工作方面的优势，又必须理直气壮地依法照章办事，二者不可偏废。

总的来说，中国大学生的管理积累了一定经验，有些方面经过正反两方面实践的证明，其体现了科学管理的精神，应该坚持和发扬。随着改革开放的深入发展，在大学生管理方面还会出现一些新问题需要研究，我们将本着科学的精神，进一步探索大学生管理的经验，把管理水平提到新高度。

第三节　高校学生管理的基本方针

高校学生管理，既是一门实践性很强的艺术，又有自身的发展规律和管理理论。在高校学生管理的实践过程中、如何以马克思主义为指导，不断总结实践经验，加强高校学生管理理论研究，促进管理实践与理论研究有机结合，是摆在广大高等教育工作者，尤其是直接从事高校学生管理的教育行政工作者面前的亟待解决的重大课题。

一、确立马克思主义的指导地位

高校学生管理是高等教育中的一种社会实践活动，它的行为总是要受一定的思想、观点和理论支配的。社会主义高等学校要坚持办学的政治方向，培养德、智、体、美、劳诸方面全面发展的社会主义事业的建设者和接班人，必须确立马克思主义在大学生管理及理论研究中的指导地位、坚持以马克思主义的基本理论、立场、观点和方法作为高校学生管理的理论基础与行动指南。

自从有了人类社会就有了教育。在阶级社会中，教育具有鲜明的阶级性，任何阶级的教育都是为了本阶级的统治和利益服务的，都是为了有利于培养本阶级的接班人而进行学生管理的，都有本阶级的教育理论、思想，学生管理的理论、观点，以及管理途径、原则和方法。社会主义高等学校的大学生管理及理论研究，如不以马克思主义为指导，而将别的阶级的管理理论不加分析地"拿来"，就难以实现为培养社会主义"四有"人才服务的根本宗旨，更难以探索出具有中国特色的社会主义的大学生管理的科学理论体系。

大学生管理理论研究涉及教育学、高等教育学、学校管理学、教育行政学、心理学、大学生心理学、社会学等诸多学科，各个学科都有特殊的研究对象和学科理论，而任何一个学科的理论观点、流派又都具有多样性。有鉴于此，社会主义高等学校的大学生管理及理论研究，更需要用马克思主义作指导，去辨别理论是非、思想是非和政治是非，从而科学地概括和总结经验，吸取精华，去除糟粕，否则理论上的混乱就必然导致思想上的混乱，进而导致管理混乱，难以形成社会主义大学生管理的理论特色。强调确立马克思主义在大学生管理理论研究中的指导地位，并不是用马克思主义的一般理论代替大学生管理自身的理论，更不是要求在理论研究中去简单地"对号"或机械地"引用"，而是要求研究者坚持以马克思主义的基本原理为武器，去科学地分析大学生管理过程中遇到的复杂现象，实事求是地总结经验，寻求大学生管理的客观规律，从而为指导学生管理的实践活动提供理论依据。

二、树立马克思主义的教育观

大学生管理理论研究虽然涉及诸多学科的理论、知识，带有多学科综合的某些特点，但主体方面仍属教育科学的范畴。这就要求大学生管理的理论研究工作者首先必须确立马克思主义的教育观，然后才能谈得上坚持用马克思主义指导大学生管理论研究。

所谓马克思主义教育观，即马克思主义关于教育的基本理论和基本观点。例如，教育与政治的辩证关系的观点。教育必须为无产阶级政治服务，教育与政治是密切相联的，教育不可能脱离或超越政治。再如，关于教育与生产劳动相结合的观点。教育必须为社会主义建设服务，必须同生产劳动相结合，如果教育脱离劳动、脱离人民、脱离实际、脱离国情，就难以培养出合格人才。又如，教育在阶级社会中具有阶级性的观点。还如，关于德、智、体、美、劳全面发展的观点，对大学生的管理有直接的深刻影响，要依据三者之间的辩证关系和各自的特点妥善处理有关问题。要把德育放在首位，智育活动当然应占相当大的时间比重，体育应贯穿于学生管理，否则，顾此失彼，难以使学生全面发展。此外，关于集体主义教育和个性发展的观点。学生间的差异是客观存在的，每个学生都有自己的个性，发展学生的正当个性没有什么错，然而片面强调"个性发展"并放在不恰当位置，就可能助长个人主义滋生。学生中一度存在的"自我设计""我即太阳""个人至上"等思想，不利于优良学风的形成。人是社会的人，集体主义教育对优良学风的形成和增强学生的社会责任感至关重要。只有加强集体主义教育，才能使学生在集体中找到个人的位置，更好地成长，更好地施展个人才华。

马克思主义关于教育的基本理论和观点相当丰富，并正在形成独立的教育理论体系。大学生管理的理论研究工作者，必须学习马克思主义教育理论，尤其应通读马克思主义关于教育的论述原著。只有这样，才能在管理的理论研究中自觉地以马克思主义为指南，用马克思主义的教育观去分析判断管理过程中的复杂现象，自觉抵制各种非马克思主义的思想侵蚀，得出符合教育和人才成长规律的大学生管理的理论性结论。

树立马克思主义教育观，不是一日之功。要学习马克思主义，必须具有丰富的基本理论知识，同时还要把马克思主义与大学生管理的实践相结合，及时探索高等教育发展和大学生管理过程中的新情况、新问题，从而丰富和发展马克思主义教育理论和大学生管理理论。

三、以唯物辩证法为指导

辩证唯物主义和历史唯物主义是马克思主义学说的重要组成部分与理论基础，是无产阶级的世界观和方法论。大学生管理作为复杂的社会实践活动，必须以唯物辩证法为指导，才能科学地揭示这一复杂过程中诸方面的内在联系，通过复杂的现象看到普遍存在的本质特征及规律，从而丰富大学生管理理论。

要用一分为二的观点正确看待青年一代大学生，认识管理的对象。青年一代是祖国的未来和希望，他们的主流热爱祖国、热爱党、热爱社会主义，具有奋发向上、求知欲强、思维敏捷、求新求实等鲜明特点，这有利于因势利导他们健康成长。同时，也要看到他们涉世过浅、思想幼稚、易于激动、缺乏实践知识和社会责任感，以及存在娇气、骄傲等缺点，以便有针对性地采取管理措施。只见缺点不看主流，或只见优点盲目捧吹，都是形而上学的，都不利于加强对大学生管理和对社会主义建设者的培养。

大学生管理中，不论是学籍移动、成绩管理，还是奖励、处分，乃至学风建设等，都是政策性、政治性很强的管理工作，都要以唯物辩证法作指导。例如质量互变、对立统一、否定之否定规律，原因与结果、必然与偶然、可能与现实、现象与本质等辩证关系，在探索大学生管理的理论研究和处理管理实践过程中的具体问题方面，都具有直接的指导意义，都是必须遵循的基本原则和方法。如果在研究中偏离了唯物辩证法的基本要求，就可能跌入形而上学的泥坑，得出片面性的结论，管理就难以为育人服务，难以为端正办学方向服务。

四、坚持实事求是、一切从实际出发的原则,勇于实践,勇于开拓进取

高校学生管理的理论研究是亟待开辟和丰富的研究领域。这就要求我们必须以马克思主义的实事求是、一切从实际出发和具体问题具体分析等基本理论为指导，勇于实践，勇于开拓进取。从实际出发，就要从大学生管理的实践出发。实践出真知，实践出理论，要善于发现和总结实践经验，要勇于

提出新的理论见解。离开管理的实践，缺乏开拓进取的精神，在理论研究中就难以有所发现、有所创造、有所前进。

从实际出发，还要从教育的实际出发。教育具有某些继承性和连续性的特点，要科学总结中国历代的高等学校学生管理经验，尤其应注意总结新民主主义革命时期根据地和解放区学校教育的经验，总结新中国成立70多年来社会主义高等学校学生管理的经验，从中寻求科学的规律。凡符合教育和人才成长规律的管理经验，就应古为今用，或借鉴充实到大学生管理的理论知识中，或进行理论的升华。

一切从实际出发，还必须从社会主义的国情出发，正确对待外国高等学校管理的经验和理论。要认真研究国外大学生管理的制度、措施和方法，以马克思主义为武器进行分析和鉴别，凡能为社会主义大学所用、符合教育和人才成长规律者，经改造、消化后为我所用。但是，在学习和借鉴外国的管理方式与管理理论时，切不可照抄照搬，事实告诉我们，照抄照搬别国经验、别国模式，从来是不能成功的。要从中国国情和高等教育的实际出发，以是否有利于社会主义教育事业的发展，是否有利于社会主义事业的建设者和接班人的成长与培养，作为取舍标准。

要坚持理论联系实际的原则。理论来源于实践，实践是理论的源泉。大学生管理工作者在探索管理的理论中，要以马克思主义为指导，认真总结自己的实践经验，并力求实现认识上的飞跃，要坚持调查研究，取得大学生管理的第一手实际材料和感性认识。在调查研究中，要将定性调研分析与定量调研分析结合，并充分利用从事大学生管理的实际工作这一优势，实行跟踪性调查研究，积累材料和经验。这样，通过实践—认识—再实践—再认识，就能在大学生管理理论研究中有所建树、有所贡献，所得出的科学结论才具有旺盛的生命力。

高校学生管理的理论研究是一项复杂的研究工作，有相当的难度，对每个研究者又有特殊的知识、能力要求。然而，只要坚持以马克思主义作指导，坚持不懈地总结与探求，适合中国国情、具有社会主义特色的高校学生管理的理论体系就能逐步建立和完善。

第三章　高校学生管理工作的主体与管理者

第一节　高校学生的主体地位

一、高校学生管理工作过程中学生主体性的含义及重要性

(一)学生主体性的含义

如前所述，主体是有意识地从事实践和认识活动以满足其需要的现实社会的人，是具备了一定的实践技能、经验和科学文化知识，并实际地从事认识和实践活动的人。主体性是主体的本质或属性，是人作为活动主体的质的规定性，是在与客体相互作用中得到发展的自觉、能动和创造的特征。

从完整意义上讲，学生管理工作过程包括两方面：管理过程和接受过程，二者合为一个完整而统一的有机体。在管理过程中，教育者是主体，发挥主导作用，决定管理内容和管理手段；学生为客体，在教师引导下生活、学习。在接受过程中，学生为主体，把握着接受管理内容的主动权，使教育者根据其反馈改进教育内容和方法；而教育者则成为客体，受学生接受学生管理工作影响的程度制约。教育者和受教育者在教育过程中各为独立主体并互为客体，以教育内容和教育手段相联结形成双螺旋体结构，相互联系、相互影响，不断从教学实践活动和认知活动中满足个体发展需要，并提升个体实践技能、经验以及科学文化知识，即"双螺旋主体说"。

根据这一理论，在学生管理工作过程中，学生工作者所起的是主导作用，从整体上把握着学生管理工作的方向、内容、方法和进程。但教师主导作用的实现是有条件的：即学生管理工作内容必须被学生自觉接受，才能够内化为学生的个体意识。换言之，教育者的主导性作用只有通过教育对象的

主体性发挥才能得以实现。这就对学生管理工作者提出要求：必须遵循学生的成长和发展规律，引导学生的主体性发挥。

与此同时，在学生管理工作过程中，学生主体性的发挥是教育者进行教育的出发点和归宿，教师主导作用的发挥是为了更好地激发学生的主体性。学生只有主动地、自觉地接受了经由教师传导的各项要求，才可以将学生管理工作内容内化为自己的品德意识，并通过一定的消化和吸收，外化为自己的行为表现。

综上所述，学生管理工作过程中的学生主体性，指的就是学生在参与学生管理工作过程中所发挥的主观能动性、自觉性和创造性。

（二）高校学生管理工作过程中学生主体性的重要性

在高校学生管理工作中发挥学生主体性，目的是要把外在的社会要求转化为学生自觉学习提高的内在需求，使学生主动认可教育目标，发挥主观能动性，积极汲取教育内容，并创造性地加以内化，形成正确的思想品德，同时能动地反作用于教育者，影响教育者，做到教学相长，最终实现自身的全面发展。可见，学生主体性的发挥是高校学生管理工作效果的重要表征，提升学生主体性，可以大大增强高校学生管理工作的实效性。

1.有利于提高高校学生管理工作的实效

主体性是人全面发展的内在尺度，体现着人全面发展的程度和水平。高校学生管理工作过程中，学生主体性的发挥是衡量大学生素质全面发展的重要尺度。

高校是开展大学生管理工作的主阵地，其最终目的是把马克思主义观点和道德要求内化为学生自己的思想意识与道德品质，再使之外化并主动落实到自己的生活实践。依据"双螺旋主体说"，在学生管理工作过程中，学生绝不仅仅是简单的被动接受，不是传统观念中的"留声机"和"存贮器"，他们的反应会能动地影响教育者的施教过程。在这个双向互动的过程中，只有学生的主体性真正得到发挥，才能完成将学生管理工作内容"从外向内，再从内向外"的一个过程；只有学生的主体性真正得到发挥，才能切实增强高校学生管理工作的实效性。

2.有利于更新高校学生管理工作的思路

高校学生管理工作应以理想信念为核心，以道德教育为重点，这是确定无疑的。但客观情况在变化，其思路也应进行相应更新和调整。当今时代，高校思想教育工作面临着世界政治多元化、文化多元化的冲击，面对一群充满了生机与活力的年轻人，不能简单地局限于运用以往老一套的学生管理工作形式：开会、调研、座谈、报告会……大学生意气风发、头脑灵活、接受力强、领悟力高，在高校学生管理工作过程中，如果让学生更多地参与进来（开展学生社团工作、担任学生干部、负责校园网的建设与维护工作等），让学生通过多种多样的实践活动找到自己在学生管理工作中的位置，使学生的主体性得以充分发挥，可以为高校学生管理工作注入新的活力。同时，学生主体性的提升在很大程度上也会调动教育者的主体性，从而形成一种双向良性沟通循环的学生管理工作。

二、让学生成为高校学生管理工作的主体

以尊重学生主体地位，培养学生的主体能动性作为切入点，去思考增强学生管理工作的实效性，既符合现代教育理论，又贴近学生的实际，有利于促进学生的全面发展。

（一）尊重学生主体地位，强化主体性教育

在学生管理工作过程中，要充分调动起学生的主体性，教育者必须把握好主导作用发挥的尺度：过度发挥可能会抑制学生的主体性，发挥不充分则不能引导学生主体性朝着健康正确的方向发展。因此，在学生管理工作过程中，教育者既要注意发挥主导作用，更要注意激发学生的主体性作用。

首先，教育者应更新观念、明确目标，真正把尊重学生的主体地位落到实处。在工作中遵循"尊重人、理解人、关心人"的原则，以科学、民主、平等的态度对待教育对象。要在平等的基础上与学生进行交流和沟通，不能居高临下、盛气凌人。要尊重学生的人格权利，尊重他们的不同意见和要求，平等待人，民主协商。将"以学生为本"确立为学生管理工作的基本理念，进一步凸显学生的主体地位，不断增强管理工作的针对性和实效性。

其次，教育者应仔细揣摩教育的方式、方法和手段，强化大学生主体性教育，有效激发教育对象的主体性，实现教育与自我教育的紧密结合。大学生虽然在生理上已经成熟，可心理上仍具极强的可塑性，其自我认知、自我发展所需求的主体地位、主体责任、主体合作精神还没有真正地确立、巩固

和完善。为此，高校学生管理工作应在帮助大学生确立主体性上下功夫，根据教育教学和学生学习的客观规律确定教育内容及教育方法手段，创造一个以学生发展为中心的教育环境，给学生以尝试锻炼的机会，增强学生自主学习观念，唤起和提升学生主体意识，引导学生通过积极独立思考形成个人合理的知识体系和结构，使学生的主体性得以充分发挥，真正成为既具有独立人格又能够适应社会的人。

(二)加强和改进高校思想政治理论课教学

面对高校学生管理工作主渠道未得到充分利用和发挥的现状，教育者应正视问题，努力进行思想政治理论课改革，让思想政治理论课成为名副其实的培养大学生主体性的主渠道。

首先，应该大力提高教师自身的素质，这是优化高校思想政治理论课教学的基本前提。在现有的思想政治理论课教师中，有的知识结构比较单一，不注意吸收新的科研成果，对学生所关注的热点和难点问题不能予以及时、准确的回答，不能很好地理论联系实际；有的不重视本职工作，而是热衷于走穴或创收，讲授内容陈旧空洞、流于形式，教学精力投入严重不足；有的在教学中仅仅注重对知识点的传授，而忽略自己的言行举止对学生所产生的影响；甚至还有个别教师对马克思主义信心不足，在课堂上不能积极、主动、正确地引导学生分析问题，导致学生在思想上产生不少模糊认识。由此可见，思想政治理论课教师的整体素质亟待提高。只有切实提高教师的整体素质，才能使思想政治理论课教学有稳定的基本保障，才能保证在学生管理工作中教师主导作用的合理、适度发挥，从而让学生主体性有足够的施展空间。其次，要改革陈旧的教育模式。在研究新形势下大学生思想认识、心理发展特点的基础之上，探索思想政治理论课教学的新模式和新方法；从实际情况出发，克服以往"一刀切""齐步走"的弊端，针对不同年级、不同层次的学生，根据不同学生的管理工作目标，确立合适的教学内容、方式和方法；丰富教学内容，在少而精的前提下，关注社会实际，加强学习内容的时效性，结合学生的学习、生活和思想，运用生活中真实鲜活的事例予以引导，有针对性地开展教育。通过改进教育方法和手段，不拘一格，大胆创新，采用新颖活泼、为广大学生所喜闻乐见的教育方法去充分调动学生的主体性。

(三)赋予高校学生管理工作以时代内容

创新是当今时代发展的动力，是开拓工作新局面的基本方法。面对工作思路创新意识缺乏的问题，思想政治工作者应努力消除学生管理工作给人的呆板陈旧的印象，本着求实创新的原则去拓展高校学生管理工作新思维。

首先，要进一步解放思想，更新观念，从全局上、战略上谋划好学生管理工作的思路，以实现"四个拓展"为重点：一是由单向性向多样性拓展；二是由偏重灌输向注重渗透拓展；三是由居高临下向深入基层拓展；四是由单一层次向多层次侧面拓展。本着民主原则和疏导方针，坚持教育与自我教育相结合，讲求春风化雨、润物无声，力戒空洞说教和简单粗暴；坚持政治理论教育与社会实践相结合，既重视课堂教育，又注重引导大学生深入社会、服务社会；坚持解决思想问题与解决实际问题相结合，既讲道理又办实事，既以理服人又以情感人，增强学生管理工作的实际效果；坚持教育与管理相结合，把学生管理工作融于学校管理，建立长效工作机制，使自律与他律、激励与约束紧密结合，有效地引导大学生的思想和行为。通过这样一系列变革让高校学生管理工作切实地走近学生，让学生真正找到自己在学生管理工作中的主体地位，实现主体性的回归。

其次，要特别注意拓展新形势下学生管理工作的有效途径，在充分发挥课堂教学在学生管理工作中的主导作用的同时，完善校园文化活动设施，深入开展社会实践，大力建设校园人文环境和自然环境，大力加强大学生文化素质教育，开展丰富多彩的、积极向上的学术、科技、体育、艺术和娱乐活动，把德育、智育、体育、美育和劳育有机结合。并善于结合传统节庆日、重大事件和开学典礼、毕业生典礼等开展特色鲜明、吸引力强的主题教育活动，将学生管理工作寓于文化活动。要为高校学生管理工作过程中学生主体性的发挥创造一个生动、活泼、新颖、和谐的良好校园氛围，改变学生对学生管理工作的成见，在正确认识学生管理工作的基础之上，极大地发挥他们在学生管理工作过程中的主观能动性、自觉性和创造性。

再次，要大胆开拓新时期学生管理工作新领域，主动占领网络思想教育阵地。21世纪是一个高度信息化的时代，网络的出现给学生管理工作的方式、手段、条件带来了全新变化。要全面加强校园网的建设，使网络成为弘扬主旋律、开展学生管理工作的重要渠道。利用校园网为大学生的学习、生活提供服务，对大学生进行教育和引导，不断扩展学生管理工作的渠道和空间。同时，加强校园网管理，严防各种有害信息在网上传播。网络的开放性、平等性和竞争性等特点，使得它在学生管理工作过程中成为一个相对宽松、自由的平台，思维活跃、接受力强、计算机能力普遍较高的大学生可以借此把握更多的主动权，在网络学生管理工作方面极大地发挥主体性。

第二节　高校学生的主体特征

一、大学生主体的角色转换

（一）大学新生的第一次角色转换

大学新生的环境适应、人际适应、学习适应，归根到底是环境改变后的角色适应。角色体现个体应对现实生活的必要途径和惯常模式，个体在不同的环境中应当认同相应的角色，表现适当的角色行为。否则，他的行为注定是怪异的、无效的，从而也是不适应的。在许多情况下，角色改变是极其自然的，以至于人们没有格外感到自己在进行这种调适。但是，也有一些时候，环境的变化使个体通过自发的"微调"已经不能应对，这就需要从深层次上去改变其思想和行为模式。凡是触及惯常思想和行为的改变，都将使人们产生失调，并有可能出现适应障碍。大学生，特别是大学新生所遇到的环境变化非常突出，他们在改变角色时可能会产生较多的角色改变障碍问题。有人将大学与中学的差异总结为大学生生活的四个"自由"，即时间的自由、学习方法的自由、信息获取的自由、金钱使用的自由。这些对大学生来说既有好处又有坏处。因为他们可以支配属于自己的东西，但是由于缺乏经验而造成他们在使用这些"自由"的时候带有盲目性。角色改变的实质是个体主动地适应环境。大学生适应环境的过程，就是逐步摆脱在过去环境中所形成的各种期望的生活及行为模式，逐渐形成适应新环境的生活和行为模式。大学生的角色改变具有深层原因和特殊内容，对个体的心理健康会产生重要的影响。

(二)中年级学生的第二次角色转换

中年级的学生主要指二、三年级的大学生，这一时期是学生进入专业课学习的黄金期。他们在学习上开始入门，对自己喜欢的专业也找到了适合自己的学习方法，对于自己最初不大感兴趣的专业也转变了态度。在生活上，他们已经逐渐适应了大学的生活，在实践中学会了照顾自己。在政治上，大学生的人生观、价值观、世界观开始趋向成熟，一些学生骨干、积极分子要求进步，积极向党组织靠拢。在心理上，他们开始关注两性关系，恋爱成为大学生们的一个"永恒的话题"。总的来看，这一阶段大学生的心理是较稳定的，不像新生那样盲目和不知所措，也没有达到大四学生那种为就业而烦恼的阶段。

(三)高年级学生的第三次角色转换

高年级的学生指大四（或医学院大五）学生即毕业班的学生，这一年他们将面临几大考验，主要是：毕业分配选择职业的考验、感情考验、做论文、实习的考验。一方面是大学生活就要结束，大多数学生因为要走上工作岗位而感到兴奋；另一方面却为就业还是继续读研究生而苦恼。尤其是近几年，就业岗位竞争日趋激烈，社会仍看重"学历"，工作不好找，很多学生就选择考研这条路。但是就业形势在未来若干年仍十分严峻，研究生毕业还是不好找工作。于是毕业生处在两难境地，变得急躁、不安、无奈。

二、新时期高校学生管理工作中大学生主体的特征

(一)智能发展达到高峰

主要表现在：一是观察力显著提高。一个人的观察力与他的知识经验有一定关系。一个学生处在大学阶段时，已经有一定的知识积累，情绪、情感较以前成熟稳定，因此他们的观察力较以前显著提高。二是记忆力处于最佳时期。在人的一生中，大学处在记忆最佳时期，有这样一组科学数据：18—29岁，记忆能力是100%；10—17岁，记忆能力是95%；35—49岁，记忆能力是92%；50—69岁，记忆能力是82%；70—89岁，记忆能力是55%。由此可以看到，在大学生的年龄段，记忆能力是最强的。三是抽象思维、逻辑思维逐渐占主导。一个学生到了大学阶段，因为有了一定的知识积累，所以抽象思维和逻辑思维逐渐占主导，表现在：较中学阶段，有了一定知识积累的

大学生更善于遵循逻辑的规律，思维过程符合客观事物的逻辑顺序，思维的首尾一贯，有条理，清楚；善于从广泛的范围观察问题，全面地思考问题，能够抓住问题的基本轮廓，不会忽视重要细节和主要因素；善于通过现象深入事物本质，抓住事物核心；善于根据思维发展变化的情况，审时度势，采取恰当的处理方式；善于独立地认识问题和解决问题。

(二)情感情绪日益丰富

情感和情绪是客观事物是否符合人的需要与愿望而产生的体验，是由客观现实引起的主观体验，以需要为中介。情绪分为三种类型：其一是心境，是一种微弱、弥散而持久的情绪状态；其二是激情，是一种短暂的、强烈的爆发状态；其三是应激，是意料之外的情况所引起的高度紧张，特点是偶发性、紧张性。情感具有社会性，是人的高级情绪，反映个体的社会关系。分为道德感、理智感、美感、宗教感。步入大学以后，一方面，学生的生理特征有了变化，身体素质好，喜欢运动，有活力，因此对生活有激情；另一方面，大学生的社会性逐渐增强，大学生最富有激情、热情、感情，因而客观事物作用于个体会产生强烈的主观体验，其情感和情绪日益丰富。思想教育应当运用情感沟通规律，打开被教育者心理的大门，减少其逆反心理。

(三)批判性思维增强

当今世界是一个开放的世界，信息技术的发展使信息流动加速，使信息能够得到最大程度的共享，现代市场经济的最大标志便是经济的全球化发展。在这种形势下，当代大学生是一个活跃的群体，接受能力强，理解能力强，对信息接收快，较少盲从，大多数有了对问题的见解，因而能够对社会上的事情作出较理性、辩证的分析，批判性思维增强。

(四)思维活跃,主体意识增强

当代大学生处在信息技术高度发达的现代社会，自身素质较全面，思维活跃、敏捷，容易接受新事物，但相对缺乏辨别真伪的能力；跨世纪的当代大学生生长在改革开放的这40多年里，生活条件优越，对周围环境的变化、学业的好坏、他人的评价、与他人的关系、社会要求与自身情况的差距较敏感。其对家长和老师的教育不太接受，而且有时言行偏激。自我意识是一个人对自己的意识，是我对我的意识。当代大学生正在逐步建立自己的新的思维视角——主体意识。主体意识强调人是历史的主体，强调自我的主动性、积极性、实践性和建设性，是发挥人的潜能的内在基础。他们不再轻信，注重自我挑战、亲身经历，不服输，他们关注社会的发展和进步，但是目的是有所作为，在社会的发展中实现自我。他们对灌输越来越缺乏热情，对社会实践和社团活动却有极大兴趣。

三、新时期大学生主体应具备的主要素质

素质对人的能力的形成、发展起着重要作用，为人的事业成功提供可能性。从教育学上讲，素质是指人通过后天的社会实践和学习获得的内在生理与心理品质特点。广义的素质概念包括一个人的思想道德修养、文化科学知识、身心健康状况、审美观点和劳动技能水平等诸方面内容。它是通过素质教育和社会实践活动以及环境的长期作用与影响而沉淀在人们身上的内在生理、心理和文化品质特征，是人身上各种素质的综合体现。不同的社会和时代需要人具有不同的素质，也就需要为培养这种素质的人的教育，因为，不同社会和时代的教育能够培养不同素质的人才。人类除了肩负着社会发展、物质文明与精神文明建设的任务外，还肩负着发展人类自身的任务。对于一个国家来说，只有培养教育出一代又一代高质量、高素质的人才，社会才能进步，国家才能繁荣昌盛。当前，人类社会已经跨入21世纪，科技进步日新月异，经济全球化的趋势在不断发展，国际上综合国力的竞争更加激烈。而综合国力的竞争归根到底是人才的竞争、是教育的竞争。高等教育能否适应这种竞争的需要，为社会主义市场经济培养高素质的人才，这就要看高等教育培养的人具有什么样的素质。中国高等教育在由精英教育向大众化教育过渡的进程中，培养的人才应该具有四方面素质：

(一)务实精神和求实秉性

大学阶段是一个人的生理和心理都迅速发展的阶段，在这个阶段，要培养学生实实在在的学习精神和扎扎实实的工作作风。学校首先要改变传统的德育观念，认真研究当代大学生的生理和心理特征，切实改进工作方法，创新工作思路，做耐心细致的思想工作，培养学生的务实精神；其次，是要引导学生参加各种活动，寓教育于活动，通过活动培养学生的务实精神；再次，是教师要以身作则，在工作中做学生的表率。"身教重于言教"，特别是

与学生接触最多的政治辅导员和任课教师，其自身的工作态度和作风将直接影响学生务实精神的培养。因此，凡是要求学生做到的，教师要首先做到。要通过各种途径实实在在地培养学生的务实精神和求实秉性，塑造学生完整的人格。大学生只有具备了务实精神和求实秉性，才会踏踏实实地努力学习，掌握将来需要的科学文化知识，学校也才会具有良好的学风。

(二)强烈的竞争意识、拼搏精神和开拓能力

中国特色社会主义市场经济体制已经初步建立，全面建成小康社会的目标已经基本实现。市场经济不仅要求人们具有理智的头脑和清醒的法治意识，而且要求人们具有基本的社会公德。激烈的市场竞争，要求人们具有强烈的竞争意识、坚韧不拔的毅力、顽强不屈的拼搏精神和不断进取的开拓能力。大学生在学习中要注重培养这些素质，并把这些素质用于自己的学习和工作，为将来接受社会的挑选奠定扎实的基础。美国学者柯林·博尔在向经济合作与发展组织提交的一份报告中指出：未来的人应该具备三本护照，一本是学术性的；另一本是职业性的；第三本是证明自己具有强烈事业心和进取开拓能力的护照。当前，我国大学生群体中，独生子女越来越多，不少学生心理素质较差，出现了脆弱、忧郁、焦虑、孤傲、自满等心理障碍。当然，大学生群体所暴露的这些心理障碍很多是学生个体所处的家庭环境以及从小学到中学所受的教育过程中积累潜伏下来的。例如，独生子女在家庭中受到溺爱保护过多、缺乏独立生活和自我调节的能力；部分中学教育重成绩、轻能力，重应试教育、轻素质教育，缺乏对学生完善人格的培养等。大学生的这些心理现象，与现实社会的外部环境产生了不统一、不协调的问题，如果在培养过程中不加以引导和克服，他们今后很难适应市场经济条件下激烈竞争的挑战。其实学生在大学的学习和工作中处处都有竞争，如各级学生干部的竞选上岗，优秀专科生升本科的考试等等，无处不含有竞争。这就要求学校要加强学生的心理指导，随时注意引导他们克服心理障碍，培养学生自立自强的信心；培养学生承受挫折、战胜困难的顽强意志；培养学生敢于迎接挑战的勇气；随时注意给学生创设竞争环境，形成竞争氛围，从而逐渐树立学生的竞争意识，让他们在竞争中去拼搏、在拼搏中去开拓创新，把他们培养成为具有执着追求和正确人生观的高素质人才。

(三)未来意识和善于学习、创造的能力

21世纪是经济快速发展和社会急剧变革的社会，飞速的发展和急剧的变革使得在缓慢变化的社会中待惯了的人们感受到巨大的冲击，感到很不习惯、很不适应。大学生从各个不同的地区来到学校，其生活习惯、地区情况千差万别。大家聚集在一起，首先，要学会适应新的环境，适应新的大学学习生活节奏；其次，要逐步培养自己的未来意识，树立未来观念，养成预想未来的习惯，学会预测、预见、设计和构想未来的本领，使自己能够适应未来发展的需要。大学教育要具有面向未来的倾向性，培养的学生要能主动适应未来的快速发展和急剧变革的冲击；再次，大学生要学会学习和创造。所谓学会学习和创造主要是指学生能够充分利用图书资料、计算机和数据库等多种信息媒体，准确及时地寻找到所需的信息和知识，有较强的理解、消化、吸收、概括和应用这些知识与信息的能力，以及在此基础上进行创造新知识、掌握新技术的能力，即学会对于信息和知识的捕捉、评价、判断、选择、组织、应用和创造的能力。当今世界科技和经济的飞速发展，不仅导致了社会信息和知识总量的急剧增加，使得社会的生产和生活与知识和智力的结合愈来愈紧密。同时，随着社会知识拥有量的不断增加，知识更新的周期正在逐步缩短。因此，衡量一个人素质的高低，不单要看这个人拥有了多少知识和信息，而主要是看这个人获取、处理和创造信息与知识的能力的大小。大学教育不仅要让学生掌握最基本的知识和核心的学科理论，还要求他们掌握基本的技能，教会他们学习和创造的能力。

(四)全球意识和国际交往能力

现代社会是网络时代的社会，信息高速公路的使用要求大学生具有全球意识，并且要具备国际的交往能力。社会主义市场经济发展到今天，中国一些大城市正在向着国际化大都市的目标发展。目前，一些具有特色的中小城市也提出了类似的发展目标。国际化已经成为时代的潮流和发展的必然趋势。从1994年底，中关村联通美国信息高速公路以来，经过近30年的发展建设，目前,计算机网络已经连接各个大中小城市，高层次的网络已经得到广泛应用，如机关单位的无纸化办公，全球范围内信息的传送等，网络已经与人们的工作、学习和生活密不可分。处在这样一个时代，不仅要积极引进外国的资金和技术，而且要积极创造自己的名牌产品，打入国际市场，积极

参与国际竞争；还要积极向国外输出资本、技术和人才，在全球范围内搜集信息，配置资源，进行国际化的生产和销售。要参与这样的国际竞争，关键是需要参与竞争的人具有这种素质和能力。当代大学生是未来建设的主力军，学校要培养他们的国际意识、全球意识，要培养他们参与全球交往、竞争和合作的能力。而联系、交往和合作的能力是新世纪所要求的人们应该具备的最基本的素质。因此，大学教育要培养能熟悉世界各种事务、熟练掌握和应用多种外语以及计算机等多种信息媒体的现代人才，才能在激烈的国际竞争中立于不败之地。

第三节　学生管理工作者主体

一、高校学生工作者队伍

高校学生工作者是与学生联系最密切的群体，他们对学生的影响最直接，在学生品德的形成、学业成绩的提高、创新能力的培养以及健康人格的形成等方面具有举足轻重的作用。在目前形势下，学生工作面临着许多新课题，学生工作者队伍建设也面临着挑战。因此，建设一支素质过硬、结构合理且相对稳定的学生工作者队伍，对于加强当前的学生工作、实现高校人才培养目标和教育事业稳定发展至关重要。

当前高校学生工作者的整体素质比较高，在各种环境不利于学生工作的情况下，大部分学生工作者能吃苦耐劳、兢兢业业，严格要求自己，做好学生的教育与管理工作，为高校的稳定和发展发挥了重要作用，但其中也存在不少问题。

首先，少数学生工作者思想不够稳定。一是由于对学生工作的重要性认识不足；二是有后顾之忧，总担心今后的前途和出路。所以对工作的投入程度不足，工作热情不够。千百年来，人们总习惯于把教书人与"清贫""清高"联系在一块儿，并以此世俗标准来评判教师、规范教师。在社会不同利益群体的比照中，教师的社会地位、经济收益偏低，使部分教师感到角色的贫困，职业的崇高感与自豪感大大动摇。整个教师群体的教化权威失落，从事学生管理工作的教师更感到教化的衰微，导致士气低落、精神疲软、工作激情消退。

其次，高校学生工作者的职责角色定位不明。高校学生工作者是集教育、管理、服务于一体的，但在很多高校，学生工作者成了管理员、服务员，而把主要任务——学生思想政治工作忽视了。因此，尽管学生工作者从早忙到晚，但自己都觉得不知干了些什么。由于学生的思想政治工作没做到位，结果学生中出现了不少问题。

最后，学生工作者的素质和能力参差不齐。从学生工作者队伍结构来看、专职学生工作者年龄偏低，基本只是刚毕业的本科生或研究生，工作阅历少，工作能力和方法有待提高。所以，一些学生工作者只能处理表面的事情，学生工作做得不够深入。

二、提高新时期学生工作者素质的紧迫性

随着中国特色社会主义市场经济制度的逐步确立和高等教育改革的进一步深化，高等学校的内外环境、体制、学制、就业方式等都发生了许多变化，从而使得当代大学生的思想观念、意识形态、行为方式等发生了很大变化。高校学生工作在新形势下面临着许多新情况和新问题。传统的学生教育管理模式和方法已远不能适应新时期大学生成长成才的要求。

首先，教育体制改革对新时期学生工作者提出更高要求。高校连续扩招，校园内学生数量急速增长，使得学生的年龄分段出现多层次性，人员构成越来越复杂，特别是学生的素质状况良莠不齐，呈现多样性。这给学生教育工作加大了工作量，增强了工作难度。以往的学生工作那种"严"字当头、内容和方法单一、工作表层化、方式简单化的老路子，已不能适应目前的新情况和新问题。教育体制改革给新时期的学生教育管理工作提出了更高要求，需要在满足实际要求的同时，不断深化、发展、完善工作方式，使学生教育管理工作水平上升到新层次。

其次，学生思想观念上的新特点使高校的教育与管理工作更为复杂和艰巨。随着中国对外开放步伐的加快，学生有了更广阔空间，可以接受和选择各种思想道德文化。社会上思想道德和价值观念的多样性，使学生的思想观念和价值取向呈现多元化。目前，虽然大学生的思想主流是积极向上的，但同时也存在着部分学生出现相当程度的迷茫的现象。享乐主义、拜金主义等

一些不良风气充斥着一些人的精神生活；一些学生的道德观念发生了很大转变，如是非观念淡薄，缺乏社会责任感、正义感，诚信度下降等。另外，现在大学生中的独生子女居多，他们一般自我中心意识强，人际交往不畅，团结协作能力较弱。学校紧张的学习和就业压力使他们的心理承受能力也较为脆弱，在挫折面前应变能力不强，容易出现心理障碍，少数学生甚至走向极端。

再次，网络媒体的崛起对高校学生工作者提出了全新挑战。信息革命的浪潮正推动着人们生活方式、价值观念发生巨大变革，大学校园也投入这一信息化大潮。网络媒体在为学生提供交互式的快捷、丰富的信息的同时，产生的负面影响也给教育工作带来了巨大挑战。一方面，部分学生沉湎于上网，甚至深陷网上交友、游戏、网恋而不可自拔，网上的一些不健康内容侵蚀着学生的心灵，如何创立科学健康、高雅的校园网络文化是学生工作者面临的新课题；另一方面，随着信息化进程的推进，低效率、封闭式、被动性已成为当前学生工作中的束缚。

最后，学生工作者自身素质不够高、不全面，导致学生工作难度加大。信息时代，知识更新的速度越来越快。高校学生工作队伍由于长期忙于事务性工作，没有时间给自己"充电"和添加"营养"，尤其是难以组织起有针对性的集中学习与培训。这就使得他们的知识较陈旧、知识面狭窄，对新知识利用少，重经验轻创新，深感难以适应社会发展需要，承担新时期学生工作的难度进一步加大。而学生在很多方面却有明显的超越学生工作者的优势，在这种情况下，师生之间可供交流的语言可能会越来越少，同时文化价值观方面的冲突还可能引起二者的角色变化，学生工作者在一定范围内可能会成为文化反哺对象。

三、新时期高校学生工作者的必备素质

在当前思想观念、文化思潮多元化发展的趋势下，学生工作者必须转变观念，不断创新，应从四个方面着力提高自己的素质：

（一）政治素质

政治素质是学生工作者首先应当具备的基本素质：能够以马克思主义的立场、观点和方法为指导，具有较高的政治水平，在大的政治问题上保持清

醒的头脑，正确认识和处理各种实际问题，针对错误倾向展开有说服力的批判；能够从理论和实际相结合的视角深刻认识与理解党的政策方针，能够有说服力地解决大学生思想上存在的疑虑和障碍，能够从具体校情出发，创造性地贯彻落实党的路线政策；以无私奉献的精神、高度自觉的态度和坚持不懈的毅力从事高校思想政治工作；正确区分和处理两类性质不同的矛盾，如政治问题、思想问题、认识问题和一般学术问题，又如思想意识问题与思想方法问题等。

(二)思想素质

学生工作者应当系统掌握辩证唯物主义和历史唯物主义的基本理论，树立主观必须符合客观的观点、全面辩证的观点、实践的观点、历史分析和阶级分析的观点、人民群众的观点；努力探索和掌握适应新的历史条件下高校思想政治工作要求的科学的具体思维方法，科学地制订学生工作的计划和方案。同时，还要继承和发扬一系列优良作风，以影响和带动整个学校优良校风的建设。具体来说包括：一是民主的作风，即相信大学生、依靠大学生、密切联系大学生，遇事同大家商量，善于集中大学生的智慧，把教育和大学生的自我教育结合。二是批评与自我批评的作风，即坚持原则、是非分明，敢于同不良倾向作斗争，对别人的缺点能开展诚恳的批评，对自己能一分为二，敢于正视自己的缺点错误，经常自我总结，虚心接受批评。三是严于律己的作风，即能够以身作则，要求大学生做到的，自己首先做到；要求大学生不做的，自己首先不做。四是艰苦奋斗的作风，即做到艰苦朴素、勤俭节约、刻苦学习、勤奋工作，具有坚韧不拔的意志和百折不挠的精神。

(三)道德素质

1.大公无私,奉献为上

高校学生工作主体应坚持一切从党和人民的利益出发，而不是从个人或小集团利益出发；坚持集体主义原则，正确处理个人利益与社会利益、集体利益、他人利益之间的关系；富有奉献精神，乐于在高校学生工作岗位上默默奉献，不过多计较名利得失。

2.热爱本职,兢兢业业

这也是职业基本道德准则。学生工作者应当始终热爱本职工作，以有所作为、有所贡献的抱负心、责任感和高度的工作热情面对大学生群体；对工作极端负责，踏实肯干，不怕辛苦；对业务精益求精、刻苦钻研、勇于创新，努力创造第一流的工作业绩。

3.以人为本，平等待人

热爱和关心教育对象，关心大学生的思想政治进步、学习和工作、生活；信任他们的人格、尊重他们的荣誉和权利，认真听取分析其意见和要求；平易近人，以情感人、以理服人，不以势压人、动辄训人；对待教育对象的关心、帮助和评价，不以个人感情亲疏和个人好恶为转移。

(四)能力素质

能力是运用于工作实际的各种技能和艺术，直接影响着学生工作的开展和效率。学生工作者应当具备四个方面的能力：一是分析综合能力。分析能力是指能够根据研究对象固有的系统性，对构成这个系统的诸要素分别进行定性和定量的研究，进而从多样性的现象中发现其主要的、本质的东西。综合能力是指能够在分析的基础上，在思维中把研究对象的各个本质方面按其内在联系有机地结合为统一整体，从而把握对象的整个面貌。学生工作者只有具备分析综合能力，才能在掌握大量事实材料的基础上，进一步把握学生的思想特点和发展趋势，认识高校学生工作的规律。二是决策计划能力。决策能力是指善于出主意、想办法，能够综合各种情况进行判断和作出决定；计划能力是指善于把决策具体化，能够依据客观情况科学制定工作目标，正确选择工作方法，合理设计学生工作活动。科学的决策和计划是提升学生工作水平有效性的关键。三是组织协调能力。组织能力是指善于发动和培养骨干，并通过其团结和带动一般群众；协调能力是指善于协调学生工作部门之间以及思想政治教育主体之间的关系，协调学生工作同其他工作之间的关系，争取各个方面对学生工作的大力支持，以形成学生工作的"合力"。只有具备了组织协调能力，才能有效地开展思想政治教育工作，把科学的决策和计划落到实处。四是宣传表达能力。宣传表达能力主要包括文字表达能力、语言表达能力和形象表达能力。文字表达能力是指能够把教育内容见诸文字，通过报刊、书籍、广播、墙报、文件等形式影响和教育工作对象；语言表达能力是指善于通过报告、讲解、座谈、个别谈心等方式循循善诱地说服教育客体；形象表达能力是指善于把教育内容见诸艺术形象，通过电视、电影、图片、图表、艺术作品等形式，借助艺术形象的感染力来影响大学生。除了以上基本技能，学生工作者还应具备较强的社交能力、应变能力、创造能力和自学能力。

此外，还应具备创新观念。创新已成为高校学生教育管理工作者的重要课题。要通过创新的机制，保证教育内容、教育方法、教育载体、教育渠道的创新，努力培养广受社会欢迎的高素质创新人才。首先，要重视制度的创新。学生工作者要尽快转变传统角色，用规范的管理和高质量的服务影响学生，构建民主平等的师生关系，确立学生在教育和管理工作中的主体地位，逐步把学校教育管理工作重心向学生主体转移。要将教育、管理和服务功能相统一，强化服务理念，突出服务功能，更加自觉、主动、积极地为学生服务。针对新形势、新问题，研究制定一系列具有时代感，突出针对性、可操作性的新的规章制度，不断提高学生工作的科学化、制度化、规范化水平。其次，要注重教育内容的创新。学生工作是做人的工作，学生教育工作内容必须随着学生的思想变化而调整。目前的大学生已不再满足于传统的教育理念和模式，在实际教育中有时难以取得好的效果。可以借助易被学生接受的具有时代感的文化思想打动学生，但必须坚定不移地坚持弘扬主旋律，实现以科学的理论武装人，以正确的舆论引导人，以高尚的情操塑造人，以优秀的作品鼓舞人。再次，要不断探索教育方法的创新。要讲究工作方式方法的艺术性。必须树立"以人为本，学生至上"的观念。开展广泛的调查研究，切实解决学生中存在的苗头性、倾向性问题，并以自身的实际行动做良好校风的建设者、维护者。把解决思想认识问题与解决实际问题相结合。充分运用现代化传播手段，达到应变及时、有效控制思想舆论阵地的目的。增强学生工作的吸引力、影响力、渗透力，及时调整工作角度，转变思维方式，增强学生工作的针对性、实效性。要创造良好的育人环境，营造积极健康向上的校园文化氛围，陶冶学生热爱集体、刻苦学习、团结互助、文明健康的情操，激发其爱国主义和献身社会主义事业的热情。把学生干部和社团建设成为学生管理教育的重要载体，要发挥学生团体和学生骨干的辐射作用。

四、加强高校学生工作者队伍建设

(一)明确岗位职责,加强队伍管理

没有管理就没有质量，没有明确的职责也就没有有效的管理。学生工作

者的岗位职责问题，长期以来一直是高校学生工作中存有争议的问题，迄今仍没有统一的界定。包括学生工作者在内，甚至很少有人能将其视为一种固定的职业并从思想上打算长期从事。这种现状从某种意义上说也是学生工作者队伍不够稳定的一个重要原因。因此，在高等教育改革不断深化、学生工作亟待加强的今天，当务之急就是要抓紧制定和明确学生工作者的岗位职责，改变学生工作者只是管理员或服务员或救火队员的现状。对于学生工作者的工作内容，笔者认为，应该在围绕新时期人才培养目标的前提下，在充分信赖和依靠大学生自身已具备的自我教育、自我管理和自我约束能力的基础上，强调学生工作者在大学生个人成长与发展中的引导作用和示范作用。从生理和心理发育的阶段来看，大学生正处于青春后期和青年初期，已经具备了一定的自觉性和行为自律能力，而过于严格的管理并不利于营造大学生提高素质和发展个性所必需的相对宽松的教育环境。所以，学生工作者在人才培养过程中的教育、管理和服务功能应注重"导"的作用。另外，对于学生工作者队伍应加强管理，要制定一整套制度使学生工作者明确自己的职责、权利和义务，制定学生工作者工作条例，鼓励学生工作者积极向上、奋发进取，使学生工作者队伍始终充满活力。建立完善考核机制，制定考核的内容和办法，定期考核学生工作者的政绩、业务能力和思想品德、建立考核档案。年终搞好个人总结，评选优秀学生工作者，大力宣传其事迹，授予其荣誉称号，给予其物质奖励，并且记录在案，考核评选的结果要作为今后提职晋级的重要依据。

（二）重视学生工作者的配备，优化学生工作者队伍的结构

选拔政治坚定、思想素质好、热爱学生教育工作、责任心强、作风踏实、具有一定业务专业知识和组织管理能力的人员担任高校学生工作者，是加强学生工作者队伍建设的基础。对于学生工作者队伍的结构，笔者认为，应专兼职结合。应挑选一些思想政治教育相关专业以及其他专业的优秀毕业生和党员教师作为专职学生工作者，专职学生工作者的比例应占2/3左右。从优秀的党员教师中选拔一些人担任兼职学生工作者，特别是选留一些硕士或博士研究生充实学生工作者队伍，他们完成任期后转向专业教学科研岗位，兼职学生工作者可占1/3左右。学生工作者专兼结合，思想政治教育学科与其他学科教师互补，有利于学生工作者队伍整体素质的改善。另外，学

生工作者队伍也要注重新老搭配、以老带新。总之，不仅要保证学生工作者的基本数量，更重要的是要优化学生工作者队伍的结构。

(三)开展业务培训，提高学生工作者的理论水平和工作能力

思想政治教育是一门科学，学生工作者只有掌握一定的思想政治工作理论和必要的工作技能，才能胜任学生工作，尤其是刚从事学生工作的新同志，或是刚从教师干部等转过来的人员，更需要加强业务学习。包括专业思想、职业道德教育，政治理论、教育学和心理学知识、网络应用知识等的学习，努力改善自己的知识结构和技能结构；掌握实施学生思想政治教育的工作方法、途径和技巧，懂得如何组织班集体活动、主题教育、社会实践，如何开展谈心、心理咨询，如何指导学生搞好自我教育、自我管理等。学生工作者的学习培训可以采用多种形式进行，如举办学生工作者学习培训班，定期开展业务学习活动，内容可以是经验交流、理论学习、案例分析等，或者有计划地选派一些人参加校外各种形式的培训。为使工作上层次，还要定期开展思想政治教育课题研究。

(四)创造条件、为学生工作者提供发展空间

高校学生教育和管理工作任务重、难度大，需要投入大量的时间和精力才能做好。专职学生工作者往往是优秀本科毕业生或者是从教师干部中挑选的优秀分子，他们绝大多数具有献身精神，能忘我工作，但在学生工作者岗位工作时间长了，尤其是与从事教学科研的教师相比，总会有一种无名的失落感，有时还影响工作积极性的发挥。为此，应积极创造条件，为学生工作者解决出路问题，在实践中，可以采取"重视使用、促进流动、相对稳定"的办法。要把学生工作者作为党政后备干部和教学科研的后备力量来培养，一方面，要大胆给学生工作者压担子，鼓励他们在任职期间创造工作成绩，促进自身的全面发展；另一方面，要积极鼓励和创造条件使年轻学生工作者攻读硕士学位或进修相关课程。根据学生工作者的工作表现和能力对其大胆提拔使用，安排到其他党政管理岗位，直至担任领导岗位职务；对于善于钻研教学业务、教学效果好的学生工作者，分流到教学岗位；当然，有一部分学生工作者愿意在思想政治教育上钻研，更应鼓励他们努力成为思想政治教育专家。必须强调的是，学生工作者的流动一定要做到有出有进、有计划地进行，以保持学生工作者工作的连续性和队伍的相对稳定。

第四节 学生管理工作者与学生的关系

一、师生关系的历史变化

（一）农业时代等级制的师生关系

在封建社会，"学而优则仕"的应试教育功利目的严重，缺乏人文关怀，由于知识生产、传播、交流的渠道狭小，教师是知识的唯一源泉，也是落实"仕途经济"规则的渠道。无论是基础教育，还是经营教育、知识生产、传递与知识质量监督的权力都集中在教师手中，教师集"传道授业解惑"于一身，教师施与、学生接受，教师训诲、学生遵从。在知识生产过程中，学生是知识传授的对象，是客体，师生关系是控制与服从、支配与从属、主导与跟从的关系，非对称和非平等是师生关系最主要的表现，"一日为师终身为父"就是这种等级森严的体现，基本上不存在学生"主体性"的问题考虑；而教师在精神上和知识上都受到封建统治者制定标准的桎梏，同样缺少自我和全面的人的发展。

（二）工业时代分裂的师生关系

现代主义认为，教师无疑是居于绝对权威的地位，是知识的源泉，是知识生产过程中的导师，也是知识价值的评判者。改革开放以来，学生成为受教育主体的观念已经达成共识，相应地教师地位被边缘化，教师的主体地位被弱化，师生之间的主体性构成对立的矛盾。钱梦龙提出的"学生主体、教师主导、训练为主线"，确定了教师是"教"的主体，学生是"学"的主体，教师通过教学大纲、教学计划、教材的选择来主导学生。这种模式可以说是明确了教学双方的主体地位，但是落入形而上学的思维——以静态、片面、分裂的眼光来看待教师、学生的主体性及其相互关系。

（三）新时期学生工作者主体和大学生主体的关系

随着市场经济的深入和知识经济的发展，知识成为市场交易的资源，拥有知识资源的人可以拥有知识资本，大学生和包括学生工作者在内的教师之间的关系也随着市场关系在变化。目前，对于师生关系的讨论进入一个新背景。知识市场经济条件下，虽然政府不断提高教师的地位和待遇，民间也发出尊师重教的信息，但是，学生对教师的尊重和教师自身的操守都在受到质疑。一方面，有的学生工作者主体和大学生主体的关系就剩下了"你出钱上学，我教育管理"的关系，市场功利主义无疑侵蚀到师生关系，尤其是在研究生与导师、老板与员工之间是比较常见的。另一方面，学生并不尊重教师，"我消费，你服务"的态度也随处可见。

新时期学生工作者主体和大学生主体的关系是现代社会众多关系中的一种，高校的师生关系必须放到当前时代背景下进行讨论和研究，离开宏观背景来谈局部的师生关系，得出的结论很可能有失偏颇。

二、市场经济背景下学生工作者主体和大学生主体的关系变化的新趋势

（一）学生工作者主体和大学生主体的关系将是一种交互主体性关系

当两个或者多个主体发生联系时，他们都以自己的主观能动性对其他主体施加影响，同时对其他主体的对象活动作出自己的主观反应，主体之间存在着理解与沟通，也存在着矛盾，这就是交互主体性。学生工作者主体和大学生主体的关系也表现为一种交互主体性。首先，知识供给与需求是相互联系在一起的一对矛盾统一体，没有学生的知识需求，教师的知识供给也不存在，师生之间是一种互为主体的关系，他们谁也不是绝对的主体，谁也不是绝对的客体，因此，谁也不能够操纵谁。其次，由于信息爆炸，进入市场交易的知识类型繁多，不存在绝对的供给主体，也不存在绝对的需求主体，术业有专攻，不同的知识类型都具有一定的市场。在现代高校师生关系中，作为知识供给方的教师，其实只能够供给知识市场中极小部分知识，而且教师本身也存在着强大的知识需求，其中的一些或许学生能够供给。因此从更宏观的市场视角来看，师生关系是知识市场关系的一部分，师生关系是一种交互主体性关系，师生在平等交往的过程中共同创造并解释世界。

（二）新型关系需要适应知识市场监督的基本原则

知识市场背景下，高等教育不仅要向消费者提供各种知识消费，而且要担负培养高端人才与普通劳动者的双重任务。因此，学生由被动的接受者变为主动的对话者、知识的建构者。学生接受教育的目的是在社会实践中发挥

专业知识的功效，满足市场化对知识主体的创造性的需求。学生在学校所学知识如果能够得到社会实践的承认，在知识市场实现了良好的价值，那么学生就会尊重教师并建立持续的师生关系，同时，会增加教师的无形资产，使之受到更多学生的尊重，反之亦然。成功实践是建立良好师生关系的基础。因此，在需求方叫价的知识市场，学生作为知识需求的主体，是专业知识在社会应用场所进行印证、检验、质疑、深化和提高的主体，知识是否有用及其价值高低主要由学生进行判断，教师具有知识创新能力以及促进学生知识创新能力的提高是构建良好师生关系的重要前提，强迫学生尊重知识质量低劣的教师是不合逻辑的。

(三)默性知识是学生工作者主体构建权威的重要源泉

由于知识生产模式的转变，大学作为知识生产与传播的权威地位受到了挑战。高校教师已不是知识的唯一源泉，教师的知识权威受到一定消解，在大学生求知过程中，教师仅仅是作为学习者团体中一个平等的成员。伴随着教师知识权威的消解，教师主体性得到了丰富，主要表现在教学设计者、信息提供者、效果促进者、组织和管理者、伙伴关系、帮助者。在高校教师权威受到消解的过程中，是否就不存在"师道尊严"了呢？答案是否定的。一些批判者把"师道尊严"的人际关系性质及其作用方式当作其内容本身加以批判，这是没有分清逻辑层次。因为真正消解了师道尊严，意味着高校教师在知识传授方面不具备任何创新优势，这不仅危及教师的权威地位和专业严谨，而且会降低知识创新的动力。应该说，师道尊严的塑造出现了新的特征或者方式，在知识市场背景下，教师的师道尊严主要在促进学生将信息向知识、智慧转化过程中得以塑造。在学生解读世界这个情景中，教师不是外在于学生情景，而是与学生所在的情景共存，教师与学生都获得不同类型的知识。作为教师，不是去传授信息或者编程知识，这种权威已经被消解，而是要从默性知识的传授、培养方面来塑造权威：培养学生对世界的兴趣；发现学生的潜能；培养学生认识世界的独特眼光；鼓励和促进学生创新。而这一点，对于高校学生工作者来说更值得思考和借鉴。

(四)民主方式是构建和谐师生关系的唯一途径

知识市场中，供需双方的主体地位是平等的，市场的自由选择需要民主的程序得以实现，也只有建立在民主方式之上的师生关系才会和谐。这种民主的方式主要表现在学生工作者主体和大学生主体之间权利关系平等；学生结合需求按照知识创新程度选择教师，这种民主的程序将知识供求双方结合，为组织共同探索某一领域的知识团队奠定基础；学生具有参与培养计划的制订、要求教学资源的合理配置的民主。在知识传授过程中，学生与教师具有同样的话语权、表达个人认识的民主，要求师生的心灵彼此敞开，以"对话"形式进行表达。

（五）人文关怀是夯实学生工作者主体和大学生主体的关系的重要纽带

知识市场中，专业知识交换主要涉及价格机制，其他知识交换则是以非价格的机制在运行，以价格机制交换的知识也需要在相关的默性知识的协助下，交换的效果才会更好。学生工作者主体和大学生主体的关系具有丰富性，除了日常管理之外，还存在师生在道德、审美、情感、社会的知识信息的交流等，而双方关系的主观性、情绪性、随机性、偶然性、直觉和信仰等非理性因素深刻地影响二者的思维、对话和行为。学生工作者主体和大学生主体之间的情感关系是一个激发生命活力、提升精神境界、充溢温柔情感、感受美好生活的空间。对学生工作者来说，工作是一种专业知识成长的过程，对学生来说，学习就是成长，双方共同以成长为基础，通过对生活世界的关注，共同经历和面对。因此，只有建立在尊重、爱、谦恭、相信他人的基础上，学生工作者主体和大学生主体之间才能形成健康的情感和平等的关系，提高生命质量。

三、新时期学生工作者主体和大学生主体的交流与沟通

（一）学生工作者主体和大学生主体交流和沟通的现状

总体而言，新时期学生工作者主体和大学生主体的交流和沟通存在着一些问题。这一方面是因为高校迅速扩招导致师生比例关系的失调，另一方面是因为独生子女新生代本身自我意识和主体意识的逐步增强。

人际沟通理论认为，信息在交互的过程中会受到外界环境的影响，沟通所处的特定时间、地点以及周围的环境、气候等有关因素对沟通起着相当大的制约和影响作用。掌握一定的沟通技巧，如语言和非语言表达技巧、倾听的技巧、建立关系和增进关系的技巧等是人际沟通取得成功的重要保证。要提高学生工作者主体和大学生主体的交流和沟通效率，保持沟通通畅，需要

有良好的沟通环境和师生都接受的沟通方式，其是二者沟通成功的关键因素。调查表明，师生沟通不畅的原因，除了非平等沟通、师生不同的心态外，更重要的是缺乏良好的沟通渠道及不懂得沟通技巧。

（二）加强学生工作者主体和大学生主体之间的交流与沟通

苏联教育家苏霍姆林斯基指出："真正的教育意味着人和人心灵上最微妙的接触，学校是人们心灵相互接触的世界。"无数实践表明，良好的沟通，是实现教育目的，取得教育实效的重要途径，也是影响教育成功的重要因素。

1.鼓励与支持良性的沟通动机

根据马斯洛的需要理论，从教育心理学的角度来看，学生与教师沟通的目的是多种多样的，其中最为重要的有两方面：一是学生通过与教师的沟通，获得教师对自己学习、生活以及情感等方面的指导，以期更好地完善自己，更好地成长；二是促进学生与教师的相互了解、相互交流，建立更为和谐的师生关系，从而达到"教学相长"。以上的沟通动机是良性的，无论对学生的成长或者是对学生工作者的教育目的的实现都是有益的，这样良性的沟通动机在高校学生管理中应当是鼓励、支持与提倡的。

人际沟通理论认为，信息在交互过程中会受到外在环境的影响，在沟通过程中要提高沟通的效率，沟通环境是不可忽略的重要因素。高校在学生管理工作中可通过多种渠道，鼓励学生积极主动地与学生工作者进行沟通，相应增加对师生良性沟通动机的鼓励和宣传、引导和提倡，从而使学生对良性沟通动机给予肯定，并获得信心，消除害怕与教师沟通被误解为讨好教师、达到其他不良目的的思想负担；学生工作者也可以在日常管理过程中适当表现出良性沟通动机的需求心理，给予良性沟通动机以积极的暗示、思想的鼓励和行动的支持，从而在教育管理环境中形成良好的沟通氛围，给予宽松的沟通环境，促进师生沟通的更好实现，最终达到教育的根本目的。

2.把平等作为沟通的首要原则

管理学中的位差效应理论是指由于地位的不同使人形成"上位心理"和"下位心理"。具有上位心理的人因处在比别人高的层次而具有某种优越感，具有下位心理的人因处在比别人低的层次而有某种自卑感。位差效应在人际沟通与交流过程中是客观存在的，其对沟通过程中双方心理有直接的影响。

在高校师生沟通的过程中同样存在位差效应。中国高校虽然一直倡导师生沟通的民主平等，但由于传统的师生观念的影响以及师生双方实际处于直接或间接的隶属关系，各自的权限和地位不平衡，形成了习惯性的心理定势——教师自觉不自觉地表现出居高临下的"家长"的心理状态，学生相应地存在自卑或戒备的心理压力。在沟通过程中，学生表现出不同程度的不安或恐惧心理，无法大胆、坦诚地向教师敞开心扉；学生工作者则多以权威者、施予者的身份出现，难于以成人的心态对待已经成人的学生。由此造成沟通不成功或者根本无法进行。应确立平等为双方沟通的前提，在沟通过程中，师生均应学会换位思考，注意位差效应。学生工作者应有意识地控制自己的上位心理，平等对待学生，不厚此薄彼，以朋友的心态而非以家长的心态与学生进行沟通和交流，主动调整自己，形成平等的沟通氛围，引导学生展开沟通；而学生则应消除主观先入的对教师的偏见与下位意识，在教师的帮助和个人的努力下尽快走出"断乳期"，逐渐形成成熟的个人沟通心理，同样以既相互尊重又彼此信任的成人心态而非儿童心态与教师进行有效的沟通交流。

3.建立多种多样的交流和沟通渠道

一方面，师生应尽可能使用多种沟通媒体，满足师生之间不同的沟通方式要求。比如，面对面的沟通，以信息传递的及时以及信息反馈的快速成为人们喜欢的重要的人际沟通方式之一。再比如，书信沟通，针对部分学生不习惯与教师面对面地沟通，或者难以面对面提出一些问题，可以书信为特殊媒介在师生之间开展沟通和交流活动，如可以设立"师生沟通信箱""课程教师专用信箱"等，方便师生沟通。网络沟通，包括电话、手机短信、电子网络等电讯沟通方式。借助电子通信设备进行师生沟通，是目前最为快捷有效和可行的沟通方式。电子通信设备的不限时性和灵活性使沟通不限于时间、地点等因素，随时可以进行。学生工作者可以给学生留下可联系的电子通信方式，可以是电话号码、电子邮箱、微信、QQ等，这样不但可为学生提供可联系的直接方式，更重要的是教师在第一时间公开联系方式的方法，很好地表现了教师积极的沟通思想和对学生的信任，给予学生良好的第一印象，为以后的教育管理打下良好的合作基础；学生亦应主动将联系方式告知教师，以方便师生之间沟通。在学校网络上建立"学生工作论坛"，定期在论坛上发布、更新相关信息，解答学生提出的问题，学生可在论坛上与教师进行交流。通过论坛，师生之间可以敞开心扉，自由交流，畅所欲言。

另一方面，应因人而异，倡导个性化沟通，满足不同学生的需要。比如，高校学生来自不同的地区，具有不同的个性以及不同的文化背景、风俗习惯，不同的沟通需求、思想认识，因此学生工作者不能采用统一的、固定的方法处理所有学生的问题，教师可选择个别沟通的方式，与学生进行一对一的沟通，从而了解学生的需求，更好地进行交流。

除以上沟通方式外，充分发挥学校现有的学生会、学生社团的桥梁作用，借助不同的学生活动，通过邀请教师指导、参与活动等方式，为教师与学生的沟通提供平台。

4.学生工作者应掌握一定沟通技巧

有了良好的沟通动机，形成平等的沟通意识，具备一定沟通环境氛围，要实现师生之间良好的沟通，还需要掌握一定沟通技巧，以提高沟通的能力。很多时候沟通的障碍在于缺乏沟通技巧，不懂得沟通技巧，往往给期望沟通者带来许多困惑和尴尬，甚至令沟通无法进行，因此，学生工作者应加强沟通技巧的学习。

第四章 高校学生的思想品德管理

第一节 高校学生思想品德教育与管理

一、中国大学生思想品德教育管理工作的运行机制

实行党委领导下的校长及行政系统为主实施的高校德育新体制，必须建立与之相适应的科学的德育运行机制，才能保证高校德育工作沿着正确的方向和轨道健康发展，并真正取得成效。

德育运行机制，就是德育在决策层、执行层和德育对象之间的互动方式以及德育工作机体的各构成要素之间的运作方式。从面向21世纪的大环境出发，根据德育的内在规律探讨高校德育新体制下的德育运行机制，是摆在面前的一大课题。

（一）构建高校德育运行机制的基本原则

1.整体性原则

现代德育论认为，德育是一个由教育者和被教育者构成的多元多层的大系统，其中，各部分、各要素之间既相互依赖又相互作用，从而构成一个有机的整体。

德育运行机制的整体性包括系统结构的整体性和组织机构的整体性。所谓系统结构的整体性，是指德育系统必须由决策、执行、反馈三个子系统构成，缺一不可。过去在德育运作过程中，比较注重决策和执行系统的工作而忽视反馈系统的工作，这种运行机制必然导致德育工作的主观性、盲目性，从而影响德育工作的效果。所谓组织机构的整体性，是要求在设立德育工作机构时，要按照建立三个系统的实际需要，充分考虑每个机构的功能，做到按需设岗、按岗定人。

2.开放性原则

高校德育体制要求建立党委领导下的校长及行政为主实施的德育体制，就要打破过去那种党委系统管德育的封闭式的运行机制，建立开放式的运行机制。这种开放式的运行机制要求：第一，德育工作要体现在学校工作的全方位、全过程。在学校内部、德育系统不仅包括专门的德育工作机构，如党委宣传部、学生工作部（处）、团委、马列课部（教研室）、思想品德课部（教研室）等，还应包括教务处、科研处、总务处等其他行政单位。不仅包括专职德育工作人员，还应包括所有教职工，甚至学生。第二，高校德育工作要与学生家庭、社会密切联系。高校德育必须面向社会，一方面，要借助家庭、社会的力量为高校德育工作服务；另一方面，要让学生走入社会，进而了解社会、认识社会，在社会实践中接受教育，增长才干。由此可见，开放性是构建面向21世纪高校德育运行机制的内在需要。

3.有效性原则

有效性是衡量业已建立的运行机制是否科学、合理的标志，而运行机制是否科学、合理，就要看在德育运行机制这个大系统中，各个部分在传递过程中有无梗阻现象，以及传递方向是否一致。因此，在构建德育的运行机制时，必须重点考虑执行系统方向的制导和目标整合机制的建立。

（二）高校德育运行机制的构成

根据构建高校德育运行机制的基本原则，完善的、科学的德育运行机制应该由四个部分组成：

1.决策机制

决策机制是指决策的机构、决策的程序、决策的形式和决策的规律，其基本要求是保证决策的正确性和权威性。

优化的决策机构是决策科学化和最优化的组织保证，是高校德育运行机制的核心。一个健全的、优化的德育机构应包括决策中枢、信息处理组织和智囊组织。学校党委是学校德育决策中枢，党委应该统揽全局，在充分掌握信息并对其深入分析研究的基础上，适时、准确地作出决策；信息处理组织负责对德育信息进行搜集、整理、综合、分析后提供给决策层，作为决策者的决策依据，信息处理者对信息的处理应该是及时的、实事求是的，这一工作一般由党委的职能部门承担；智囊组织是由德育专家组成的，负责分析学校德育工作状况、拟订德育工作方案，提供给决策组织。

2.执行机制

高校德育的执行机制是高校德育运行机制的关键。执行者的任务就是通过一定机制把决策者对学校德育工作的决策付诸实施，使决策的目标得以实现。

高校德育的执行机制是一个多层次、多系统的庞大体系。从纵向的方面看，它包括校级、院（系）级、年级、班级；从横向方面看，它涵盖了党委和行政的各职能部门，以及群团组织和它们的下级单位。

校长是学校德育工作的最高执行者和指挥者，对学校德育工作负有全面责任。

作为学校德育工作主要职能部门的组织部、宣传部、教务处、学工部（处）等，既是党委决策系统的信息处理部门，也是行政执行系统的参谋部门和协调部门，又是执行系统的具体执行部门，它们担负着组织"两课"教学、指导院（系）工作、开展思想政治教育、协调"三育人"工作等具体工作，在学校德育工作中起着至关重要的作用。

院（系）是学校德育执行系统的第二子系统。其主要任务是接受上级关于德育工作的指令，并结合本单位实际予以贯彻实施。日常工作由分管德育工作的副院长（副主任）负责，副院长（副主任）要充分发挥专职德育人员的积极性，特别是要着力调动专业教师的德育职能，注重发挥教学工作的德育渗透功能，使教学由单纯传授知识向培养学生综合素质方面转化。

学生年级（班级）是学校德育工作执行系统的基层执行单位，其工作直接面向学生，工作状况如何直接关系学校关于德育的决策、计划、实施方案能否得到落实。因此，学校应将工作重心放在年级（班级）。一般来说，年级可设专职或兼职辅导员，班级设兼职班主任，高年级班级还可以实行导师制。辅导员和班主任要选派事业心强、有一定德育理论基础和德育工作经验并且有实际工作能力的同志担任。辅导员、班主任可以通过各种形式开展思想政治教育活动，要注重与任课教师的联系，通过建立教工党支部联系班级等制度，使教书育人、管理育人、服务育人落到实处。

3.反馈机制

反馈是一种对工作情况和工作效果进行评价的信息反映，建立一个高效的信息反馈系统是高校德育机制正常运行的重要保证。一个信息反馈系统是否高效，取决于该系统内信息反馈的灵敏度、准确度和及时性，高校德育机制必须据此构建自己的信息反馈机制。高校德育信息反馈系统主要由两部分组成：一是德育执行系统内的信息反馈系统，二是德育执行系统外的信息反馈系统。德育执行系统内的信息反馈系统就是按照德育执行系统的各个层次，自下而上地逐级反馈，以便于对决策、指挥、执行过程中出现的问题进行及时调研。高校德育的信息处理工作主要包括三大要素，即信息的采集、信息的整理、信息的反馈。其中，信息的采集是基础，信息的整理是关键，信息的反馈是核心。其基本要求是真、准、快，尽量做到及时、迅速，使决策者能尽快修订方案、完善决策，以免贻误时机，影响工作。

4.激励机制

高校德育机制的激励机制主要由政策激励和竞争激励组成。政策激励就是依靠制定和实施有利于调动高校教职工德育工作的积极性、主动性的政策来推动德育工作的一种激励措施。由于高校德育工作系统是一个多层次、多方位的庞大系统，政策激励必须根据不同对象制定不同政策，采取不同激励措施，引导其在具体工作中自觉开展岗位育人工作。竞争激励就是采取一定措施在德育系统内部产生一种竞争态势，以促进德育工作的整体协调发展，通常所采用的措施主要有评估、评比等。评估和评比既是一种导向，也是一种激励；既可以运用于对集体的评价，也可以运用于对个人的评价；既可以运用于对德育工作的综合评价，也可以运用于对某一德育活动的单项评价。通过建立高校德育系统的激励机制，使德育工作者的积极性、创造性得到充分发挥。

二、努力做好大学生思想政治工作的前提和保证

把大学生培养成掌握现代科学技术知识、具有创新意识的高素质人才，是高校的根本任务。从事学生思想政治教育和日常管理的学生工作专职干部，必须树立"四个意识"，依靠"四个力量"，这是做好学生思想政治工作的前提和保证。

(一)树立"四个意识"是做好学生思想政治工作的前提

1.树立质量意识

21世纪的竞争主要是高科技的竞争，说到底是人才的竞争。国家、民族要立于不败之地，就要不断提高人才的培养质量，更好地加强人才能力、素质、创新意识和科学精神的培养。思想政治工作一定要坚持社会主义方向，保证把学生培养成为社会主义现代化建设事业的建设者和接班人。只有牢固

地树立这种质量意识，思想政治工作才能坚持明确的方向，广大青年学生也才能坚持正确的政治方向。

2.树立超前意识

人类社会已开始步入一个以知识（智力）资源占有、配置、生产、分配、使用（消费）为最主要因素的知识经济时代，网络经济也日益显示经济的时代特征。在这种形势下，高校学生工作专职干部应具有前瞻性和超前意识。一是注意培养学生获取和处理信息的能力；二是注意培养学生懂得并遵守信息社会的"游戏规则"；三是注意培养学生的创新意识。高校的思想政治工作在解决现实问题的同时，要结合当今社会对人才的需求和对未来社会的预测，要着眼于未来，不断更新观念、更新思维，用先进的内容、方法和手段，把学生培养成为能迎接知识经济挑战、适应知识经济时代要求的高素质人才。

3.树立平等意识

当今的大学生自我意识较强，希望得到别人的尊重和信赖，希望老师以平等的态度对待自己，不希望别人在公开场合批评自己，要求尊重自己的人格；他们要求上进，希望自己的学习成绩得到老师和同学的承认；他们相信自己会有所作为。同时，由于中国高等教育模式发生了重大变化，思想教育工作者要适应这个新形势，必须树立平等意识，牢牢把握大学生的心理特点，把学生当成朋友和亲人，相互尊重，相互理解，相互沟通，思想政治工作才能收到预期效果。

4.树立服务意识

学生在成长的过程中，无论是思想、学习，还是其他方面，都会遇到这样或那样的困难，这时候他们特别需要帮助。思想教育工作者要树立全心全意为学生服务的意识，尽自己的力量帮助他们克服困难，完成学业。服务的过程也是一种教育过程。思想教育工作者要以自己的实际行动关心、帮助学生克服困难，让学生感到党的温暖、组织的关怀、人间的真情，从而使学生形成积极向上的人生观。

(二)依靠"四个力量"是做好学生思想政治工作的重要保证

在实践中，思想政治工作者必须依靠"四个力量"，即组织力量、知识力量、主体力量、人格力量，形成思想政治工作的合力，这是做好学生思想政治工作的重要保证。

1.依靠组织力量

这里所指的组织，包括党组织、行政组织、共青团、学生会、工会组织。思想政治工作是学校这个大系统的一项子系统。通过党组织的教育和培养，把一批坚定共产主义信念、品学兼优的先进分子吸收到党组织，并通过他们的表率作用，引导广大学生奋发向上，通过团组织团结广大团员青年，把他们的爱国热情引导到为中华崛起勤奋学习。只有依靠组织力量，才能在学校大系统内形成思想政治工作的网络，从而把思想政治工作融入党组织活动、群团活动、教学活动、校园文化创建活动、文艺体育活动，使思想政治工作既生动活泼，又扎实有效，真正克服"两张皮"的现象。

2.依靠知识力量

大学生是一个有较高知识水平的群体。一方面，他们是受教育者，在高校接受较系统的知识教育训练，另一方面，他们有初步的创造能力。因此，要做好学生的思想政治工作，对一个思想政治工作者来说，要具备较为合理的知识结构，要掌握必要的科技知识及其发展动向，具备较为深厚的人文知识底蕴。否则，就会失去学生的信任，教育也会事倍功半。

3.依靠主体力量

在教育过程中，学生是主体，是事物变化的内因，外因通过内因而起作用。在进行思想政治工作时，一定要依靠主体力量，依靠学生的能动作用，促成事物朝着预期方向转化。离开了主体力量，思想政治工作就会变成空中楼阁。

4.依靠人格力量

思想政治工作既有正面的灌输，又有潜移默化的影响，更要靠人格的力量。人格的魅力是无穷的，其影响力是深远的。因此，思想政治工作者要不断加强自身的修养，完善自身的人格，做学生的表率，真正成为一名有说服力的思想政治工作者。

第二节 高校学生思想品德的运行机制

一、大学生思想教育管理的特点

与中小学教育相比，大学思想教育管理具有三个特点：

(一)思想教育的系统性

中小学教育离不开系统性,大学生思想教育的系统性显得更有必要。

从教育的层次要求来说,大学直接承担着为国家建设培养合格人才的任务,这就要求大学不仅仅要使学生系统地掌握本专业的业务知识,而且要对马克思主义理论有比较系统的了解。通过学习马克思主义的立场、观点、方法,改造自己的主观世界,为今后走向社会改造客观世界奠定思想基础。

大学生正处在世界观形成时期,这一时期其思想的变化直接影响到今后,要使大学生在校学习期间树立正确的世界观,必须对他们进行系统的理论学习与思想教育。

另外,从受教育者的要求来看,通过小学基本观念的教育和训练、经过中学对各科知识的初步涉猎,一般的道理与知识已经不能适应大学生的需要,他们迫切需要系统地提高自身能力,他们对事物的看法从受别人影响到有自己独特的见解,这对大学生思想教育管理提出了更加系统化的要求。大学不但要让学生学得知识,而且更重要的是要教会学生分析与解决问题的正确方法,让学生掌握思想上的"钥匙"。

(二)自立意识的两面性

从心理的角度分析,大学生和中学生实际能力有时相差不大,但大学生的自我意识和要求自立的愿望明显增强。上了大学后,学生普遍在心理上认为自己真正长大了,这种独立意识对教育管理工作有积极有利的一面,可以成为学生不甘落后的内在动力,还可以名正言顺地向他们提出更加自觉的要求。但如方法不当,有可能出现从心理上抵制学校思想教育管理的逆反情绪。这就给大学思想教育管理工作提出两方面要求:一是加强正确引导,保证青年学生在自立过程中沿着正确方向成长;二是尊重大学生人格,同时肯定其有利于自身进步的个性品质,从积极方面挖掘学生内在动力,发挥自身作用,肯定他们在自我教育管理中的地位与作用。

一般来说,大学生刚进校时,迅速增加的独立意识会与其自身的实际能力产生矛盾。如在教育过程中采取中学班主任的做法,学生往往认为没有把他们当作成人而感到反感。一旦放手让他们自己去摸索,他们又往往因为缺乏经验与能力,显得处处不适应而又经常怀念、谈论他们中学的班主任。因此,大学教育中充分发挥学生的自主性,必须与正确的引导相结合,过分强调哪一方面都不会收到满意的效果。

(三)注重增强社会的适应性

除职业学校与中专外,普通高中培养的直接目标之一是为高等学校输送品学兼优的学生。而经高等院校培养的学生除少数决定继续深造外,大部分将走向社会,社会是检验大学教育质量的实践标准。培养目标的差异决定了培养方法与内容的区别。大学把党的教育方针与社会的需要有机结合,把培养又红又专的人才与社会的需要相一致。这种结合与一致主要是避免单纯适应社会的实用主义的教育方法。因此,大学生思想教育管理要紧密联系社会实际,加强学生对社会的接触和了解,采取"请进来、走出去"等多种有效的办法,有针对性地进行教育培养,为学生走向社会打好思想基础。

二、大学生思想教育管理的内容

教育内容是由教育所需达到的培养目标决定的,即培养人才的质量和规格决定了教育的内容与方向。中国特色社会主义大学培养目标是培养德、智、体全面发展的社会主义建设者和接班人,是从德、智、体三个方面衡量人才的质量和规格的。从教育科学角度看,德育和智育、体育一起构成教育的系统工程。思想教育与管理是指包括政治教育、思想教育和个性心理培养等方面的大德育系统,它是培养又红又专的接班人中"红"的具体要求。因此,不能把大学思想教育狭义地理解为品德教育。在高等院校,思想教育管理的范畴应包括日常党团组织教育、政治理论课教育、思想政治课教育以及形势任务、时事政治等方面的教育活动。思想教育管理内容主要通过政治理论课、思想政治教育课和日常思想政治教育来体现。

(一)政治理论课教育

政治理论课又称公共政治理论课,主要任务是对学生进行较系统的马克思主义理论教育、中国革命的历史和现状以及中国特色社会主义建设的一系列理论和现实问题教育,使学生掌握较系统的马克思主义理论知识,并具备运用马克思主义理论分析各种社会问题的能力,树立正确的世界观和方法论,主要是从理论高度来回答现实生活存在的理论和现实问题。由于政治理论课的理论性、系统性和实践性都很强,政治理论课教育以灌输为主、灌输与疏导相结合的方式进行,高校要把政治理论课作为公共的必修课,有系统、分阶段地对学生进行政治理论课教育。

1.马克思主义原理课

马克思主义原理课的主要内容是对马克思主义三个组成部分（哲学、政治经济学、科学社会主义）进行系统的阐述，并运用马克思主义原理对当代国际国内重大问题进行分析，使学生有正确的认识。它的主要目的是使学生树立正确的世界观和方法论，因此，该课程的重点是马克思主义哲学，帮助学生学会运用辩证唯物主义和历史唯物主义认识社会发展的客观规律，并树立正确的人生观。

2.世界政治经济与国际关系课

世界政治经济与国际关系课主要是通过分析、介绍当代世界政治经济格局和国际关系中一系列理论、历史与现实问题，使学生对整个世界发展有较全面的了解和正确的认识，以适应改革开放新时代的需要。

根据不同专业不同层次的要求，政治理论课还可以根据条件和需要开设"马克思主义与当代社会思潮""自然辩证法""现代科学技术革命与马克思主义"等课程。政治理论课主要是从思想深处解决学生的世界观问题以及信念问题。在德育中，它具有理论性、系统性、稳定性的特点，是大学思想教育的理论基础。

(二)思想政治教育课

思想政治教育课是针对学生普遍关心的形势、政策、人生、理想、道德、民主、法制、纪律等方面问题，有计划地开设的课程。思想政治教育课有三个比较明显的特点：一是针对性。思想政治教育课本身就是针对大学生存在的普遍思想问题和成长发展需要而设立的，它既要抓住学生在成长过程中带有普遍性的思想认识问题，有计划地进行教育，又要注意密切结合形势的发展和学生的思想动态进行教育，因此，它与政治理论课相比，更有针对性，能密切联系学生思想实际，采取各种生动活泼的形式进行教育。二是理论性。与日常思想教育相比，思想政治教育课有较为系统的理论体系，有相对独立的地位、相对稳定的内容和相对固定的课程保证。它从较高层次培养学生的政治素质、品德修养和个性心理素质，因而是其他课程不可替代的。三是实践性。思想政治教育课程不只是单纯的知识性课程和单纯研究教育对象身心发展规律的课程，思想政治教育课的目的是让学生树立正确的道德观、法制观、人生观、政治观等，帮助大学生健康成长，因而它负有教育与引导的任务。思想政治教育课成功与否，不仅要看课程本身的理论性、逻辑性和系统性，更要看对学生的实际指导作用。

　　思想政治教育课内容主要包括形势与政策、法律基础课、思想修养课、人生哲理课、职业道德教育课、就业指导教育课等课程。

　　1.形势与政策课

　　形势与政策课的主要教育目的是帮助学生了解国内外重大时事，学习党的路线、方针、政策，全面掌握"一个中心，两个基本点"，认清形势和任务，激发爱国主义精神，增强民族自信心，珍惜安定团结的局面，为建设有中国特色的社会主义而奋发学习、健康成长。其根据各个不同时期形势发展特点，有针对性地对学生进行教育。如近几年进行的党的基本路线教育，坚持四项基本原则、反对资产阶级自由化专题教育和社会主义道路专题教育等都是形势与政策教育的重要内容。形势与政策课不同于日常思想教育中的政治学习，它有较强的理论性和系统性，还必须根据形势变化调整讲课内容，是一门现实性很强的课程。

　　2.法律基础课

　　法律基础课的主要教育目的是通过向学生传授必要的法律基础知识，使学生认识加强法治建设的重要性，懂得马克思主义法学的基本观念，掌握宪法和基本法律的主要精神，增强法制观念和社会责任感，正确行使公民的权利与义务，以适应社会主义民主和法治建设，成为有理想、有道德、有文化、有纪律的专门人才。法律基础的主要内容包括法的一般原理，我国社会主义法的基本理论、宪法、行政法、民法、婚姻法、刑法、民事诉讼法、刑事诉讼法等基本知识。着重阐明七个方面问题：全民普法与大学生学习法律的意义，法的本质和作用，民主和法制、民主和专政，我国公民的基本权利和义务，犯罪与刑罚，民主的任务和作用，婚姻法和继承法问题等。在思想政治教育课中，法律基础是一门专业性较强的课程，有很强的独立性，主要通过公开课的方式进行教育。

　　3.思想修养课

　　大学生思想修养课一般在一年级开设，其主要教育目的是紧密结合一年级学生的实际情况，引导学生认清时代要求和历史责任，明确社会主义大学培养目标，端正学习目的与态度，重视文明道德修养，培养优良的校风、学风，正确处理个人与集体、个人与社会的关系，以适应从中学到大学的转变，为大学期间健康成长打下良好的思想基础。大学生思想修养课的主要内容包括：大学生的社会责任、大学生的目标志向、大学生的思想品德修养、大学生的学习活动、大学生的集体建设、大学生的人际关系、大学生的心理与行为调控、大学生的理想与成才教育等方面，同时辅之以校纪校规、大学生行为准则、科学生活和如何增进身心健康等方面的教育，以培养大学生良好的道德修养和健康的个性心理品质。

4.人生哲理课

人生哲理课的主要目的是帮助学生学会运用马克思主义把握正确的人生方向，正确认识和处理个人与社会关系，树立为人民服务的思想，培养开拓进取的精神，识别和抵制各种错误的人生观。人生哲理课的主要内容有：人的本质与人生观；大学生人生观的基本特点与教育；人生的基本问题是个人与社会的关系问题；人生的基本准则，树立集体主义原则；选择正确的人生道路，走又红又专的道路，走与工农相结合的道路，走在实践中成才的道路；大学生的人生态度，树立正确的政治观、学习观、生活观和恋爱观；人生价值，分析批判当代西方人生价值观，树立马克思主义人生价值观；大学生应树立崇高的人生目标，为共产主义理想而奋斗。人生哲理课是解决大学生人生观形成过程中一系列理论和实际问题的课程，因而应与学生人生实践结合，大力开展学习雷锋活动，倡导奉献精神，鼓励大学生参加社会实践活动，在实践中锻炼成才。

5.职业道德教育课

职业道德教育课的主要目的是使学生了解社会主义职业道德的基本原则和主要规范，树立选择职业的正确态度，明确本专业职业道德的具体内容和要求。该课的教育内容必须依照各类学校培养人才的不同要求而设立，主要是进行职业的规范和要求、责任与义务、道德修养和理想追求等方面的教育。具体来说，医学院校学生一般进行医德教育，培养学生树立革命的人道主义精神；师范院校主要进行师德教育，培养学生教书育人、"教师以人格影响人"的观念；科技工作者要培养学生树立献身科学、报效祖国的职业道德观。

6.就业指导教育课

就业指导教育课的主要目的是使学生了解毕业分配的基本形势、政策，了解社会对人才的要求，做好走向社会前的思想、心理和精神准备，以便于学生更快地适应社会。该课的主要内容包括：毕业分配的政策与纪律；就业前后的心理和行为调适；如何确立正确的择业观，根据社会需要选择恰当的职业；如何寻找自我与社会的结合点等。由于毕业生就业指导教育的政策性、操作性很强，具体的就业指导情况复杂，因此，除了采用公开课、办讲座等形式进行大范围教育外，还可辅之以个别的具体的就业咨询指导，以使就业指导教育更具有针对性。

第三节 高校学生思想品德的考核标准

一、实行大学生思想品德考核的依据与意义

明确为什么要对大学生进行思想品德考核，是搞好大学生思想品德考核工作的前提。

首先，从教育的整体来说，培养大学生的思想品德是大学教育的重要组成部分，是坚持社会主义办学方向的重要保证。我们的教育方针是使学生在德育、智育、体育几方面得到全面发展，其中德育是第一位的。坚定正确的政治方向，全心全意为人民服务的思想，艰苦奋斗、吃苦耐劳的思想品质等，是社会主义大学生应有的素质，缺乏这方面素质即使有再大的才能也不可能得到有效的发挥，甚至会给祖国和人民造成危害，为了培养社会主义建设的合格人才，必须对学生有明确的德育要求并有相应的考核办法。其次，从德育包含的内容来说，也是完全可以考核的。学生的政治思想、道德品质总是通过日常生活中的言行表现的，有表现就可以鉴别。尽管对大学生德育考核不像智育考核（准确地说应是业务分数考核）那么容易操作，但只要指导思想正确、体系科学、方法得当、内容具体、工作扎实，是一定能够较为准确、客观地反映大学生在德育方面的真实情况的。

目前，高等学校在对学生德育考核方面存在四种情况：

一是长期以来，由于德育的地位没有正确地确立，德育的具体目标与要求不甚明确，学者总是围绕德育在大学教育中的地位与作用问题争论不休。而智育与体育经过实践早已经有了较明确的目标与要求，考核的方法与要求以及内容也较具体明确。因而，在人们（包括大学生本身）头脑中形成了智育、体育是硬指标，而德育是目标不明确、内容不具体、考核不重要的"软指标"。忽视德育、重智轻德现象的出现，根本原因是办学的方向不端正，同时与德育规格不明确、考试不具体也有一定关系。

二是一方面，由于中学受片面追求升学率的影响，在高校招生时，高等院校对中学给应届毕业生在德育方面千篇一律、不切实际、空泛抽象、全是优点的鉴定感到不满意，有的甚至感到毫无参考价值，出现了目前高校只看分数高低、身体状况录取新生的状况；另一方面，由于高校没有真正把德育放在首位，大学生德育管理体制及制度不健全，学校的老师出于对学生前途的考虑以及社会不良风气的影响，在对大学生德育评价鉴定时，套话、空话甚至违心话经常出现，优点肯定充分，缺点以"希望"代替，甚至在"希望"后面还加"注意"的评语，使得用人单位在考核大学生素质时，只好看业务成绩，对大学的工作感到不满意。

三是由于许多高校尚无明确的德育考核标准，加上有些院校的方法不够科学，在学生德育管理中（发展党员、评三好生、评奖学金、毕业分配、组织鉴定时）客观依据少，主观印象多。而学生政工干部对德育的理解又不尽相同，评价学生的正确程度往往取决于政工干部对德育的认识程度与其同学生、实际接触的深度。显然，这种方法很难使学生对德育产生正确的看法，往往会导致其心理上的不满意。有的政工干部在执行政策时缺乏其他更好的方法，只采取以手中的权力强制学生接受现实的办法维持工作局面。

四是由于受社会不良风气的影响，在大学生中要正常地开展批评与自我批评（特别是批评）比较困难。一方面，多数学生不愿得罪别人，讲情面，重义气，在评比、鉴定时只讲成绩，不提缺点，造成评定结果与学生的实际不一致；另一方面，表现较好的学生又对这种状况不满意，政治上的平均主义导致学生认为德育可有可无、好坏一个样，使得学生缺乏自觉接受德育管理的内在动力，使良好的风气难以形成。

因此，对大学生进行严格、具体的德育考核是必要的。它的意义就在于有利于确立德育在培养大学生过程中的地位。明确的德育标准与要求对大学生本身就是一种政治上的引导，便于学生在经常对照过程中进行自我教育。严格、具体的德育考核能够使大学生从实际中认识德育的重要性与必要性。通过考核，能使学生不断提高自身思想道德修养。

二、大学生德育考核的步骤

从大学生德育教育管理角度看，德育考核一般可分为六个步骤：

(一)坚持政治标准,明确考核内容

德育考核应坚持政治标准，避免以智代德、以智冲德的现象.考核指标确定的依据是高校培养目标与社会对人才的要求。因而，在制定考核内容时，应首先考虑政治思想方面的要求，同时，也应适当考虑道德品质、遵纪守法、社会工作与实践及与政治思想有直接联系的一些内容。在制定标准时，既要以高标准作为对学生政治上的一种引导，也要对学生平时学习、生活中的正确言行给予积极的肯定，避免因为标准定得太高，学生可望不可及，挫伤积极性；同时，又要防止把标准定得过低，放松、降低对大学生政治上的严格要求。

标准确定、内容明确后，要向全体学生公布，组织学生进行学习，让全体学生明确学校的要求和自己今后努力的方向。让教育对象了解教育目标的过程本身就是一种潜在的教育引导。

(二)做好平时记载,加强基础工作

做好班集体平时记载既是搞好班风建设的有效措施，也是进行思想品德考核的主要依据。记载情况应客观具体，既要记载学生违纪的现象与缺点，更要记载学生的进步与成绩。记载可以由班干部轮流负责，也可以由班主任、辅导员直接记载。平时记载工作的好坏直接受班集体风气的影响，好的班集体，正气占上风，敢于对不良行为进行批评与自我批评，记载工作能正常开展，其又可又促进班集体良好风气的形成；反之，班风较差，基础工作也差，平时无记载，好坏不区分，就会影响班集体良好风气的建设。平时记载应采取记实的办法，力求实事求是、具体准确、客观全面，防止与事实不符或避重就轻等现象的发生。平时的记载仔细认真，就能为更好地进行德育考核创造条件。

（三）发挥自我教育作用，实行互相监督

在进行德育考核过程中，应注意发挥学生自我教育的作用。考核中的自我教育一般通过两个环节实现：一是对照考核标准，由学生进行自我总结。对照标准是进一步明确目标的过程，自我总结是联系实际的有效方法。二是班组织评议。正常情况下班组织评议不仅能弘扬正气，抵制歪风，而且可以在评议中促进学生心理上的相互比较，增强学生进取的内在动力。同时，评议也是进行同学间互相监督、互相促进的有效方法。学生的德育考核单纯依靠学生的自我考核与评议显然不够，应在评议的基础上，由班主任或辅导教师组织学生代表、班委会、团支部的干部核实学生自我总结与小组评议的情况，根据平时记载，对每一个学生提出最基层组织的考核意见。

（四）提高民主化程度，抓好结果反馈

提高学生德育考核的民主化程度，不仅是学生的心理要求，也是考核成败的关键性环节。这种民主性，不仅体现在工作的程序方面，更重要的是通过民主程序，能增强学生的自强意识，使他们明确自身在考核工作中的位置，增加主人翁责任感。背靠背地组织鉴定与通过民主、公开的方式进行德育考核，两者的效果是不一样的。前者不易使学生受深刻教育，搞不好还容易产生心理隔膜，形成对立情绪；而后者能使学生感受到自己不仅是考核对象，也是考核的直接参与者，能调动本人积极性，主动与组织配合，较准确全面地做好考核工作。这样做当然会增加考核工作的难度，但对保证考核的水准和教育作用是有益的。在考核过程中，要抓好结果反馈。一般来说，有两个反馈过程：一是班组评议。基层组织考核后应向学生本人反馈，使学生本人明确自己的不足和今后努力的方向。二是考核结束后，在落实三好学生、奖学金之前，要公布名单，并在学生中征求意见，给学生互相监督、反映意见提供时间与机会，这有利于避免因为考核人员的工作不深入、情况不了解而出现的工作失误。

（五）大力表彰先进，鼓励友好竞争

大学生的德育鉴定要与评三好生、奖学金，组织培养发展，毕业分配等学生切身利益相结合，使政治荣誉与实际利益相一致，防止出现"思想好一张纸、学习好有钱使"的奖励结果。经过考核后评出的优秀学生一定要大力进行表彰，表彰先进不仅仅是一种工作程序，从某种意义上说，表彰就是一

种教育引导，是一种政策导向。表彰先进是对优秀学生的充分肯定，能激励他们继续努力，要在大力、全面表彰先进的气氛中使学生感到自己的不足，进而在全校造成一种声势，形成一种舆论，真正创造同学间友善竞争的氛围，形成你追我赶的局面。

(六)搜集学生意见,进行适当调整

在考核工作结束后，要结合考核过程广泛搜集学生、干部的意见进行认真总结，以便在实际工作中进一步调整德育考核内容，明确考核的方法。在调整考核的指标与内容后，要尽早向学生公布，以便全体学生做到心中有数。

三、德育考核中的具体办法

随着中国高校德育工作逐渐被重视，必将有更多的人加入探讨德育考核办法的行列。本书仅介绍三种方法，以供借鉴。

(一)定量对照标准记分法

所谓定量对照标准记分法，就是在考核过程中，按照事先制定的德育标准给学生打分，一般采用百分制。在评定学生政治思想、集体观念、遵守纪律、劳动卫生四个方面采用的考核标准与记分办法：考核共计四项，将四项总分相加即为该生的得分。

这种方法的优点是要求明确，层次较细，内容具体，其无疑比凭印象作鉴定的方法是一大进步。但这种方法也有不足，主要表现在：首先界限不易把握，例如，在"遵守纪律"项目中，学生同样是上课、开会及各项活动均未无故迟到、早退缺席，哪些应归优，哪些又归良，而且同属优的对象，哪些应得40分，哪些应得30分，不大好把握、难免带有主观印象；其次，在一个项目中，有的学生可能同时具备优和中的某些条件，如某同学敢于同违法乱纪现象作斗争，但上课无故迟到一次，那么，该学生在"遵守纪律"项中的得分就很难打了；再次，这种规定标准的记分法很难把生活中行为归纳全面，尽管它有明确的政治引导作用，但可能会出现某一同学在政治思想方面确实有值得肯定的地方，但因为标准不全而得不到承认。这样，就有可能挫伤学生的积极性，使其不自觉地形成一种功利思想。

(二)不定量加扣结合记分法

不定量加扣结合记分法是把大学生应达到的一般要求作为基本条件，凡

符合基本条件的学生达到某项条件时，进行适当的加分；违反某项规定时，予以扣分，根据总得分排定名次，落实评三好生、奖学金等有关政策。规定基本条件的目的是明确提出德育的起码要求和必须达到的标准，保证学生德育的一般质量。

加扣分考核法的优点在于：在保证基本德育标准的前提下，充分肯定学生在多方面的优秀品格与正确行为，发掘每个学生的长处，发展有利于学生成长的个性品质，它不受分数的限制，只要符合某些条件就按规定的标准加分，并且评定标准具体明确，便于学生自己掌握，比较民主，方法简单、易于操作。

这种考核方法的不足是：单独看一个学生的得分无法确定该生的品德的好坏，缺乏人们心中普遍承认的一种对比参数，如果出现不具备加分条件又不够扣分标准的情况时，则很难了解该生的全面情况。因此这种办法可用作考评排序，不宜作为对学生德育全面的考核鉴定的方法。

(三)鉴定加记实考核法

鉴定加记实考核法就是把学生的德育大体分成两部分内容：一类是思想品德的行为规范，对行为规范实行记实考核，如遵守法纪、文明礼貌、劳动记载、生活俭朴、社会工作等；另一类是政治思想，考虑到人的思想复杂性，用记实方法容易忽略思想深处的东西，而思想又要通过日常言行表现，根据同学、班主任、专职干部对学生的了解进行鉴定，用文字予以表达。

这种方法能比较全面客观地反映学生的情况，因为采用记实方法，便于学生把握，也利于用人单位了解考核录用学生。

四、大学生德育考核的原则

不管运用哪种方法，在对大学生进行德育考核的工作中均应掌握四项原则。

(一)科学性原则

对学生进行考核的指标体系关系高校培养什么人的问题，它反映政工干部对教育方针的理解程度和对人才观认识的正确程度。在科学性方面应注意处理好三个关系：一是德育与体育和智育的关系。强调德育的重要性，并不是否定智育和体育，要防止与避免脱离业务搞政治和轻德育重智育两种倾向。二是处理好德育合格与优秀的关系。在考核工作中，应对学生有起码的道德标准要求，同时要鼓励学生充分培养良好的道德品质，使之受到党团组织的肯定与鼓励。三是加分与扣分的关系。在充分制定学生加分条件的同时适当规定扣分标准是必要的，但应以鼓励、加分为主，对于扣分后仍然在排序中名列前茅的学生，不能因其缺点而否定其长处，该奖励的仍要奖励。

(二)公开性原则

对学生德育考核是否公开、民主，不但体现在对学生教育的意义上，同时也是德育考核质量高低的重要标准。应当避免政工干部对学生德育的直接评价，所谓直接评价就是以自己的主观看法评定哪些学生好与哪些学生差，而应打好平时工作的基础。如某学生平时表现突出，受到党团组织公开表扬，在考核该学生时就应根据平时表扬进行评定，而不要平时不表扬，评定时再追加，尽管实质上一样，但效果则不大相同。

(三)教育性原则

对学生进行考核的教育性原则应体现在三个方面：一是德育的标准与内容；二是体现在学生自我考核、相互评价的过程中；三是考核结束后的评优工作要使学生感到自身的不足并产生赶超的动力。

(四)平等性原则

平等性原则就是排除、减少他人的主观评价，而使学生在统一标准面前平等竞争。在制定标准与政策时要平等，即按教育方针制定，而不是因某些人具备某些条件去制定。同时，公布指标与考核标准时要提前，特别是考核结束修改指标后，应及时予以公布，避免学生对修改后的政策不了解而在考核中出现对某些学生有利、对某些学生不利的局面。

总之，对学生德育进行考核只有长期坚持，并在实践中不断摸索、总结，才能使制度和办法逐步完善，并更好地发挥德育考核在培养人才中的重要作用。

第五章　高校学生的干部管理

第一节　高校学生干部的作用与设置

一、高校学生干部的地位和作用

高校是培养人才的主要场所，也是培养干部的摇篮。高校学生干部是学生中的骨干分子，又是教师与学生之间的桥梁和纽带，是班主任或辅导员的得力助手。高校学生干部除了应该具备较强的思想政治素质外，还必须具备较强的工作能力，以赢得其他同学的信服，从而带动大学生群体素质的提高。在各高校中，学生的自我教育、自我管理、自我服务主要是在学生干部的组织领导下进行的。由于工作关系，学生干部的活动面比普通学生广，影响面自然也就比较大，其思想觉悟、自身素质和能力等，大多居同龄人前列。他们可以起到桥梁纽带作用、榜样示范作用、骨干带头作用、行政管理的助手作用和自我教育中的组织领导作用。高等学校担负着培养社会主义建设者和革命事业接班人的重任，在学校的各项活动中，学生干部的参与是顺利落实各项工作、全面推动学校育人工作进程的重要保证。正确认识高校学生干部的地位和作用，可以引起学校对学生干部队伍建设的重视，有利于高校学生素质的培养。

高校学生干部作为学生中的一个特殊群体，在学校工作特别是学生教育管理工作中发挥着非常重要的作用。正确认识学生干部的地位和作用，是选拔、教育、培养和使用学生干部的前提，对于教育和培养学生干部摆正自己的位置，处理好工作与学习的关系、端正工作态度、树立和增强服务意识，提高工作的积极性、主动性、创造性，切实有效地发挥应有的作用，有着非常重要的意义。充分认识高校学生干部的地位和作用，能够促进学校的健康发展，同时促进学生自身的素质提高。学生干部是大学生群体一个重要的组成部分，高校学生干部的素质关系学校建设及各项活动的质量和水平。因此，高校应该进一步认识学生干部的地位和作用，加强学生干部培养的组织建设，形成新的干部培养机制，建立一支高素质的学生干部队伍。

（一）高校学生干部的地位

1.学生干部是学校思想教育和行政管理的主力军

从学生工作的整体过程来看，如果把专或兼职学生教育管理人员和其他教职员工视为学生思想教育和行政管理的主力军的话，那么学生干部则是学生思想教育与行政管理的主力军。在高校中，学生的自我教育、自我管理、自我服务主要是通过学生干部进行的。这种自我教育、自我管理、自我服务是教育与管理的最好形式，符合大学生的心理特征，有利于对学生个性的培养和发展，学生干部在教育管理过程中的这种特殊作用，决定了学生干部在学生工作中的地位是非常重要的。

2.高校学生干部既是学校活动的组织者又是参与者

在学校开展的各项活动中，学生干部作为组织者，对于要开展的活动，要经过前期的讨论和策划，以更好的活动质量达到预期的目标。学生干部作为参与者，在一定程度上比组织活动的教师更能体会活动的影响力，同时也可以带动广大学生参与活动的积极性和热情。可以说没有学生干部，学校活动就不能顺利开展，更不能达到预期的目的。

3.高校学生干部在校园中影响面广、影响力大

在高校中，班委及团支部以上的学生干部在学校总人数中占有相当比例，如能对其选拔、教育、培养、使用得当，使其形成一种合力，将对所有学生的健康成长产生非常大的影响。况且，由于工作关系，学生干部活动面比普通学生广，影响面自然也比较大。同时，学生干部又都是通过择优方式选拔的，在学生中具有较大的号召力，这些都决定了学生干部在教育管理中必将形成一种积极的教育力量。另外，就学生干部的个体而言，除了完成自身所担负的工作外，每个学生干部至少可以通过其直接影响来带动一两个普通学生。因此，学生干部在学生工作中是具有决定性作用的。

4.高校学生干部体现当代大学生精神文明面貌，在校风建设中发挥着表率作用

学生干部是为同学服务的，无论是在学习上还是在工作上，他们大多数

都是学生中的优秀分子。学生干部在各方面的优异表现，充分体现了当代大学生的精神面貌，他们的一言一行都是学生关注的焦点。班级是大学生学习、工作、活动的基层组织，班风、学风的好坏，直接影响着每一个学生的成长、成才。要搞好班级工作，仅靠专（或兼）职辅导员是不够的，需要每个学生积极配合和努力，尤其是团支部、班委等干部更应该充分发挥带头作用。如果他们思想积极上进、学习刻苦认真，严格遵守学校的规章制度，关心帮助同学，集体荣誉感强，他们的言行举止就会直接影响其他学生，影响整个班集体。因此，学生干部在班风、学风、校风建设中充分发挥着表率作用。

5.高校学生干部在未来的工作岗位上将担当重要角色

学生干部是学生中的优秀分子，虽然同在学校学习，但是由于工作的需要，学生干部与领导、教师接触的机会多于普通学生，所以其受到的教育机会也多于普通学生。而且，由于学生干部担负社会工作，在组织各项活动中，使自己的思想素质和工作能力得到了锻炼与提高，他们的思想觉悟、自身能力等，大多居同龄人前列。根据追踪调查研究，学生毕业后，走上领导岗位和成为业务骨干的大多是在校期间的学生干部。因此，在祖国未来的建设中，学生干部将发挥不可估量的作用。

(二)高校学生干部的作用

1.高校学生干部在教师与学生之间发挥着纽带作用

高校学生干部通过处理相关工作，把学校领导、教师与普通学生联系起来，体现了其在师生间的纽带作用。这种作用突出表现在思想教育与行政管理的两个方面。首先，在思想教育中，学生干部是教师与普通学生之间的信息传递者。学生干部在传递者角色上发挥了突出作用，由于学生干部与同学朝夕相处，了解较多，能够有效地向教师提供比较准确翔实的情况；另一方面，学生干部与领导、教师接触的机会多，对上级的要求及学校的安排及各种情况理解得较为透彻，并且能直接将这些情况传递给同学，及时使上情下达。其次，在学校的各项管理活动中，学生干部同样是沟通学校、教师与学生的桥梁和纽带。一方面，他们可以维护广大学生的利益，反映学生对教学管理、学生管理、后勤管理等工作的意见、建议和要求，促进其不断改进和提高；另一方面，他们能够及时宣传学校的想法和工作情况，降低工作难度，促进学生与学校领导之间的沟通和理解。

2.高校学生干部在各项活动中发挥着骨干带头作用

学生干部是各项活动的排头兵，发挥模范带头和先锋队作用，体现了学生干部的先进性。主要表现在四个方面：一是在日常工作中，学生干部虽有分工，但当其他干部履行自己的职责时，所有的学生干部都要自觉地给予支持和配合，在工作中争当排头兵，起到模范带头作用，这是学生干部做好工作的一条基本经验。二是在校、院（系）开展的大型活动中，学生干部一方面要努力完成自己承担的任务，另一方面要用自己的行动影响、带动身边的同学。学生干部的骨干带头作用是搞好一项活动的保障，这个保障也是学生干部发挥骨干作用的又一个明显特征。三是学生干部要自觉带头遵章守纪。四是当上级部门、学校发出某项号召时，学生干部要自觉带头响应，以促进这一号召的落实，这也是学生干部发挥带头作用的一个重要表现。

3.高校学生干部在学生中发挥着榜样示范作用

所谓的榜样示范作用，是指学生干部应成为同学们效仿的楷模。教育的技巧和艺术就是以鲜明的榜样把一些具体的要求及规范展现给学生。学生干部是学生中最现实的榜样，因为学生干部和同学生活、学习在一起，且年龄相近，经历基本相同，环境影响也基本相似，因此他们对其他学生的影响更直接、更现实。学生干部的成功经验可给同学以启迪，学生干部的模范作用可潜移默化地影响同学，并且使同学易于信服。

4.高校学生干部在自我教育中发挥着组织领导作用

学校对学生的思想教育工作基本可分为两大方面：一方面是学校组织和开展的教育；另一方面是学生的自我教育。学生干部既是学校组织和开展教育活动的得力助手，同时又是实施自我教育的组织者和领导者。特别是在自我教育活动中，其作用是任何人无法替代的。

学生干部在自我教育中的领导作用主要表现在两个方面：一是通过学生干部的努力，可以抓好班集体的建设，加强校风、学风、班风建设，给同学的自我教育创造良好的环境和条件。因为良好的校风、学风、班风是学生良好素质的外部表现，同时，良好的校风、学风、班风又能进一步改观和陶冶学生的精神风貌与道德情操，呈现可贵的"正反馈"作用。良好风气是一种巨大的精神力量，能催人朝气蓬勃、奋发向上，促进学生健康成长；不良风气是一种精神麻醉剂和腐蚀剂，使人不知不觉地受到毒害和影响，从而偏离前进的方向。二是学生干部通过组织开展第二课堂活动、参加社会实践等，使学生实现了自我教育。

5.高校学生干部在先进思想传播中具有积极宣传作用

先进思想可以提高广大学生的思想觉悟，先进思想的宣传工作是学校工作的重要组成部分。学校在传达国家的政策、党的先进口号、党的重要思想时，会先传达给各层次的学生干部，对其解释说明，让其领会内涵要旨，再让学生干部做好班集体的宣传活动。因此，学生干部在先进思想的宣传工作中起到以点带面的作用。

6.高校学生干部在学校行政管理中发挥得力助手作用

在行政管理中的得力助手作用是学生干部的基本职能。发挥学生干部在行政管理中的助手作用和实现自我管理，既符合学校培养目标的要求，也是民主管理在学生中的具体体现。同时，符合青年学生自我发展、自我完善、自我教育的心理要求，有利于调动学生干部的积极性、主动性、创造性，培养其主人翁精神和社会责任感。另外，学生干部在行政管理中的助手作用可以极大地弥补学校在管理中人员和精力的不足，提高学校的管理水平。实践证明，学生干部的助手作用越来越突出、越来越重要。

上述分析说明，在高校中学生干部的地位是十分重要的，作用也是非常突出的。因此，在日常管理工作中既要重视对学生干部的选拔、教育和培养，同时也要重视对学生干部的指导和使用，使学生干部能够正确地履行自己的职责，切实有效地发挥好自身的作用，以促进学校管理工作水平的不断提高。只有在学生管理中正确地充分地发挥学生干部的作用，才能真正实现学生自我教育、自我服务、自我管理的新局面，才能做好学生管理工作，达到学校培养高素质人才的目的。

总之，无论是在学校建设中，还是在校园活动的组织中，抑或学生素质的培养工作等各个方面，学生干部的地位和作用都是不可替代的。只有切实建设好学生干部队伍，才能充分发挥他们的模范带头作用，调动他们的积极性，营造良好的校园氛围，培养更多品学兼优的高素质人才。

二、高校学生干部工作的理论基础

(一)马克思主义理论基础

高校学生干部工作以马克思主义的世界观、方法论和人生观作为工作的理论指导。实事求是，一切从实际出发，努力学习马克思主义哲学，即辩证唯物主义和历史唯物主义，掌握认识问题和处理问题的正确立场、观点和方法，准确、完整地把握马克思主义的世界观和方法论，树立科学的人生观、价值观。

1.高校学生干部工作应以马克思主义价值观和方法论为指导

马克思主义世界观正确地反映了客观世界的本质及其规律，实现了唯物主义与辩证法的统一，自然观与历史观的统一，解决了理论与实践的关系问题。对于高校学生干部来说，必须树立正确的世界观，辩证唯物地看待问题，抵制各种错误思想的侵蚀，保持政治上的清醒与坚定，坚定不移地走中国特色社会主义道路，进而形成正确的思想方法和工作方法。

高校学生干部在工作中，坚持一切从实际出发，坚持主观和客观的统一，实事求是地了解同学的客观情况和客观需求，是工作中开展一切活动的基础。学生干部工作的计划和决策都不能离开对同学群体客观情况的深入了解。高校学生干部在完成各项工作任务时，都不能单凭主观想象和一时的热情，要深入实际，坚持从群众中来、到群众中去的工作方法，因地制宜地开展工作。

高校学生干部在工作中必须坚持群众路线，"从群众中来，到群众中去"是做好一切工作的根本。注意听取同学们的意见，帮助他们解决问题，深入调查研究，获得全面真实的情况，并善于把工作计划变成同学们的自觉行动。敢于解放思想，打破陈旧观念，并不断总结经验，克服不足。

2.高校学生干部工作应以马克思主义人生观、价值观为指导

在改革开放和发展社会主义市场经济的条件下，当代大学生的价值取向也发生着巨大变化。当代大学生群体的价值取向，总体上是健康向上的，但是还面临着社会转型的困惑和由此而造成的浮躁心态，以及个人期望值过高与自身能力不足的痛苦。具体表现在个人价值的实现上过于急功近利，表现在学习上是不愿意下苦功夫练好基本功。

马克思主义认为，人的价值是人的本质的延伸。一方面，人通过自己的创造活动满足自身，从而构成了人的自我价值，使人的本质得以显现。另一方面，人的社会本质客观上注定了人无时无刻不在为社会做出有益的贡献。也就是说，只有在具体的社会活动和社会关系中，人的社会价值才能够不断地得以显现。这样，人的本质也随之在具体的社会活动和社会关系中得到体现。人具有的社会价值要求必须在具体的社会关系中体现人的创造活动，人的社会价值随着人的社会关系的不断拓展而日趋展现。

人的价值体现在人与世界关系的互动中，一方面，人生的过程就是人不断地向世界获取有意义价值的过程；另一方面，人作为意义的存在，其所尽享的一切活动又能够为世界创造价值。在实现由客观世界向生活世界意义转化的过程中，人不仅通过劳动创造了客观世界的生活意义，同时也通过自我意识的不断反思实现了自我价值的提升。基于此，人生的过程既不是消极地顺应，也不是盲目地妄断，而是一种基于社会实践基础上的自我创造、自我完善和自我实现。

坚持自我价值实现、个性独立和集体主义基本原则的有机统一，是马克思主义哲学在人生观、价值观上一贯的态度。为此，作为学生干部，必须把个人及同学的自由发展和学校的发展以及国家的发展内在有机地结合。

高校学生干部必须以科学的人生观作为指导。不仅自身要树立科学的人生观，而且要引导其他学生树立科学的人生观，将个人的人生观与国家和社会的利益结合。

高校学生干部在工作中要坚持无私奉献、公而忘私的原则。在日常生活中，学生干部经常面临着要不要或能不能发扬奉献精神的问题，担任学生干部本身就是一种锻炼和考验。学生干部都是义务性质的，没有奉献精神就不可能在繁忙的学习之余去为同学服务、为集体的利益而操劳奔忙。学生干部和自己的服务对象都是同龄人，阅历基本相同，都还不完全成熟，缺乏经验，办事过程中难免出现这样或那样的漏洞和不足，会招来一些非议和责怪。

如果没有奉献精神，在这种情况下就会灰心丧气，打退堂鼓。学生干部的许多工作牵涉自己的切身利益，如果没有奉献精神，就不可能秉公办事、廉洁奉公，就不可能正确处理好个人与集体的关系。

总之，学生干部在想问题、办事情的过程中，应当把集体利益作为出发点和归宿，通过自己的模范行为，在集体中形成"个人服从集体、集体关心个人"的良好风气。

（二）社会学理论基础

学生干部开展学生工作，首先要对自己有一个准确的角色定位。角色定位是一个社会学的基本概念，社会心理学家认为，"角色"就是个人在社会团体之中被赋予的特定身份以及该身份所应发挥的功能。在角色的概念中，还包含着社会或者文化对于每种特定角色所赋予的期望行为特征。社会学家认为，社会群体或社会组织使得人与人之间形成了一种特定的社会关系，而这种社会关系网是由社会角色编织而成的。在新的历史条件下，高校学生干部的角色是学生与干部的统一。

社会对一定角色总有一定的要求与限制，即权利与义务。一整套的权利与义务就构成了某种特定的角色。学生干部就是学生群体中担任一定领导职务、承担一定事务、履行相关职责的学生个体。首先，高校的学生干部是学生，要以学为本。这里的学习，包括专业知识学习和思想道德学习，有课内的学习也有课外的学习，既要学习理论也要注重实践。学生干部在学习精神和态度方面要做好典范，在开展活动方面也要以学习为中心。其次，高校的学生干部是学生的干部，应该履行干部的使命。要以促进同学学习为中心，以培养同学成才为主线，协助教师，带领同学、服务同学。

学生和干部的双重身份赋予了学生干部双重的职责。作为学生干部，必须首先明确自己的角色定位，才能不断地加强自我教育、自我管理，自觉地配合学校教育，提高自身的综合素质和加强学生干部队伍建设。

(三)心理学理论基础

高校学生干部生活在大学生群体中，他们与同学的关系较之师生关系更为密切，在人才培养过程中能够发挥教师难以取代的特殊作用，从而使学校教育管理收到更好的效果。协调好人际关系对于学生干部来说非常重要。所谓人际关系协调，即通过满足人们的需要，调节人与人之间情感上的差别，缩短彼此心理上的距离，使之建立良好、亲密、融洽的感情或心理关系。高校学生干部能否与同学建立良好的人际关系，将会直接影响其工作的效果。高校学生干部要具备的协调人际关系的能力与素养：

1.要培养良好的个人心理素质,努力提高个性心理品质

（1）培养健康的个性心理品质

在人际交往中，那些具有良好心理品质的人，别人乐于与其交往，也容易形成和谐的人际关系。因此，培养健康的个性心理品质，无疑是消除人际关系障碍、建立良好人际关系的先决条件。

（2）努力提高知识和经验水平

高校学生干部已具备一定的知识水平，但由于人际交往的深度与和谐性受到知识、经验水平差距的影响和制约，要想与周围的同学或其他干部能够较好地沟通并建立融洽的人际关系，需要不断地提高自己的知识和经验水平。

（3）端正建立人际关系的态度

这要求学生干部待人处事要抱有一种宽容的态度，不苛求于人；以高度重视的态度来对待交往关系中双方的差异，以一种与人为善、乐于助人的态度来建立人际关系。这样，很多障碍因素就容易消除，人际关系的和谐也更容易实现。

（4）拥有对人的基本信任和尊重

信任和尊重对于建立良好人际关系也许不是万能的，但要想建立良好的人际关系没有信任与尊重却是万万不能的。一个学生干部如果没有诚意与别人交往，不懂得尊重别人，是很难建立良好的人际关系的。

（5）成为真心、真诚、真实的自己

处理人际关系，尤其需要真，即与对方相交要真心、对待别人的意见和态度要真诚、表达自己的思想要真实。这样从长远讲，最终才会被人们所理解和肯定，从而建立真正良好的人际关系。

2.要密切关注同学的心理动态，在同学中做好心理辅导工作

作为学生干部，应该有目的、有计划地学习心理学相关课程，参与团体训练，努力成为全体同学健康成长的朋辈辅导专家。同时，通过多种渠道宣传心理学知识，举办生动活泼、丰富多彩的心理教育活动，使同学加深对心理学知识的理解，在助人与自助中，解决一些在学习、生活中产生的心理困惑，增强自我知觉能力，提高自己的心理素质。

（四）管理学理论基础

从管理学角度看，学生干部工作是一种确定和实现目标的组织过程。从最一般意义上概括，高校学生干部工作就是一种有组织的从调查、研究、决策，到确定目标，进而组织实施目标的过程。任何高校学生干部工作都不能是一种盲目的或"跟着感觉走"的蛮干和瞎干。"目标"是整个高校学生干部工作的轴心，学生干部工作的全部活动过程都是围绕着目标来展开的。当然，每个学生的个体行为都是指向一定目标的。所不同的是，高校学生干部工作是有组织地围绕实现一定目标而进行的群体活动。学生干部参与管理实践，能够更好地认同目标，激发工作动力，较大程度上扩大高校教育管理效能。科学的决策理论和决策方法，对于高校学生干部来说，是做好学生工作的必要前提。

1.以科学的决策理论和决策方法为指导

高校学生干部在教育活动过程中的特殊地位和重要作用，决定了高校学生干部既是各项活动的参与者，又是组织者，而且很大程度上还是活动的决策者。同时，正确地作出决策和组织实施决策，也是一个高校学生干部的知识、能力和综合素质的全面反映与体现。每个合格的高校学生干部都必须努力提高自己的决策水平，健全决策的机构和制度，做到决策的科学化、民主化和制度化。

高校学生干部决策就是学生干部在担任的社会活动中对自然或社会客观事物规律性的认识，是一种创造性的思维活动；是学生干部根据所担任的社会工作的过去情况、当前状况和将来发展趋势，在调查研究的基础上，从实际出发，实事求是地考虑需要与可能，确定奋斗目标，以及为实现这一目标制订的各种方案，并从中选出最佳方案的全过程。掌握科学的决策理论和决策方法对于高校学生干部来说非常重要。

2.目标管理法和量化管理法

目标管理法就是在组织内使每个成员有明确的方向，有利于考核和检查。通过确定共同的目标、规定达到目标的职责范围，去统一人们的思想和行为。

实行目标管理，能够提高工作效率和质量。它能使干部、同学人人责任明确，事事目标清楚，小目标服从大目标，大目标指导小目标，可以大大增强工作的计划性，减少工作的盲目性；可以使学生干部与同学的思想、行动统一到培养目标；还可以极大地调动学生干部和同学们的积极性，使得每个学生干部和同学按照培养目标要求的标准与内容进行自我评价及考核、把抽象的目标变成具体的目标，使人人感到"目标在前，责任在肩"。

目标管理法首先要进行目标的展开，即目标的分解，就是层层制定保证措施，明确关联关系，提出具体要求，制订落实方案。先将目标横向展开，分解成许多面，一一确定指标；然后将目标纵向展开，即按照班级—小组—个人的顺序展开，总的目标和具体目标是小组个人的奋斗方向。上一层目标的实施措施，应是下一层的工作目标；其次在目标实施过程中要进行控制与考核评价，及时发现问题并解决问题。

做好计划是目标管理成功的保证。为了达到班级某项或全部工作目标，而选择切实有效的手段、方法和步骤，就是计划。计划和目标是相辅相成的，计划越详细，目标越明确。

量化管理法是对目标管理法的补充。首先是把各项管理内容合理量化，然后组织小组、个人参加达标积分比赛，定期公布各自的得失分数情况及其原因，以一学期或一学年作为一个竞赛周期，计算小组、个人的总分。用直观的得失分数累计法，进行全面管理，并确定学年各项工作的先进个人和优胜小组。日常还可以通过学生的得失分情况，较准确地掌握每个学生的思想情况，有针对性地做好思想工作。

把班级对小组或个人的各项要求合理量化，然后建立健全评分机制。最后要将量化管理条例交由全班学生讨论，建立班级日志，认真记录班级的工作和每个学生的表现情况，及时更正已公布的得分，把个人得分高低同综合评定奖励、荣誉等结合。

量化管理法有利于对班级和学生进行科学管理，统一公开的量化标准，经常持久地公布检查结果，按得分高低实施奖惩的规定，能够极大地调动广大学生严格要求自己的自觉性和争先创优的积极性，使管理落到实处，有利于学生的全面发展。全面的量化管理标准，能引导同学全面发展，奋发成才，促进班级的全面建设。有利于组织各种类型、各种层次的竞赛，推动日常工作的开展，促进学生之间的竞争，从而推动班级目标的实现。有利于扶正歪气、转化后进，从而正气大升，各种消极的东西无立足之地。有利于总结、评比工作。详细的记录、直观的分值会使得总结有理有据、客观具体，各方面的综合分值又使过去凭印象软指标评先进变为根据硬指标定先进，使评先工作省时省力，准确有效。

(五)教育学理论基础

从教育的角度看，学校的任何教育都必须被学生认可才能吸引学生，使学习变为学生自觉自愿的行动，高校学生干部工作具有特殊的教育作用。高校学生干部作为学生中的一个特殊群体，在学校工作特别是学生教育管理工作中应发挥应有的作用。

1.以身作则,发挥模范带头作用

教育的技巧和艺术之一，就是以鲜活的榜样把具体的要求及规范展现给别人。学生干部在学校教育教学管理中有着特殊的身份和地位，作为同学最现实的榜样，其以成功经验给同学以启迪，可达到潜移默化的影响作用。

高校学生干部要在各项活动中当好排头兵，从政治意识、党性修养、友爱同学、文明交往、创建优良学风校风、保持良好课堂纪律等方面发挥模范带头或先锋队的作用，带头创建优良学风、班风或先进班集体。

在思想道德方面，学生干部要加强自身的思想素质修养；在日常的学习中，学生干部要刻苦学习，取得优异的成绩，做好表率作用；在日常的工作中，学生干部要分工合作，在履行自己职责的同时，自觉地支持和配合其他学生干部的工作，在各项工作中起好带头作用；在学校、院（系）开展的各种活动中，学生干部要努力完成自己承担的任务，用自己的行动带动身边的同学，学生干部的骨干带头作用是搞好各项工作的基础；在学风建设过程中，学生干部必须能够以身作则，带头严格遵守学习、生活中的各项制度和措施，如各类考勤制度、考场纪律等；当上级和学校发出各项指标时，学生干部要自觉带头响应，以促进指标的落实。

2.以人为本，组织开展自我教育

学校对学生的教育工作基本可分为两大方面：一方面是学校组织和开展的教育，另一方面是学生的自我教育。自我教育能力是指学生自觉主动地把社会要求的思想道德规范在内心加以理解和体验，并通过实践转化为比较稳定的自觉行为能力。著名教育家苏霍姆林斯基说："只有能够激发学生去进行自我教育的教育，才是真正的教育。"以人为本，从学生的身心特点出发，进行自我教育，使学生在他人教育的引导下，养成自我教育的习惯，形成自我教育、自我管理的能力，有助于学生的个性心理和人格特征正常、健康发展，使学生的智慧潜能和才干在有计划、有步骤的挖掘下得以发挥。

高校学生干部既是学校组织和开展教育活动的有力助手，又是实施自我教育的组织者和领导者。作为学生干部，应从三个方面做好学生自我教育的领导和组织工作：

（1）努力抓好班集体的建设

加强校风、班风和学风的建设，加强校园文化建设，给学生的自我教育创造良好的环境和条件。因为良好的校风、班风和学风不仅能体现学生的良好素质，又能进一步陶冶学生的精神风貌和道德情操，能呈现可贵的"正反馈"作用。良好风气是一种巨大的精神力量，能催人朝气蓬勃，奋发向上，促进学生健康成长；不良风气是一种精神麻醉剂，会使人不知不觉受到毒害和影响，从而走偏前进的方向。

（2）组织开展形式多样的活动

引导同学参加社会实践，组织开展各种有意义的课外活动，包括政治性的、知识性、公益性的活动等，如有目的地开展读书报告会、知识竞赛、演讲会、诗歌朗诵、小品表演等。通过这些活动，学生可实现自我教育.提高自我教育能力。通过开展班级主题活动及引导同学参加社会实践活动、为同学提供展现自己各种才能的机会，为同学架设桥梁，使他们能很好地相融、相助，激发其拼搏向上、积极进取的劲头。

（3）定期组织开展自我总结、自我鉴定、自我批评工作

如在每学期期末，可以要求每个学生根据自己在本学期内的学习、生活各方面的情况作自我总结、自我鉴定，每位学生既是教育者又是教育对象。自我总结、自我鉴定的过程既是进行个人自我教育的过程，也是自我提高的过程。

第二节　高校学生干部的工作与管理

一、高校学生干部工作的基本原则

（一）坚定信仰与明确使命原则

作为当代大学生干部，应当坚持中国共产党所确立的建设中国特色社会主义道路这一正确的政治方向。也就是要具有正确的政治立场和政治信念、坚定不移地跟党走，建设有中国特色的社会主义道路，并为之奋斗。要注重提高自己的政治水平，提高分辨政治是非的能力，能够联系实际准确地认识和宣传党的方针政策，充分发挥党的助手作用。因此，学生干部一定要认真学习马列主义、毛泽东思想、邓小平理论、"三个代表"重要思想、科学发展观和习近平新时代中国特色社会主义思想，不断提高政治理论水平。要培养饱满的政治热情、关心时事，积极参加各项政治活动和社会实践，并从中了解党和国家的政策实施情况及取得的成就。要始终保持清醒的政治头脑，培养敏锐的政治眼光，自觉抵制腐朽思想的侵蚀。

当代大学生应当树立"脊梁意识"。"脊梁意识"就是一个人以天下为己任的强烈的历史使命感和社会责任感。在中华民族的发展历史中，正是由于

这种崇高的历史使命感和责任感，才涌现许多可歌可泣、名垂千古的仁人志士，其是推动社会历史发展进步的中流砥柱。作为21世纪的大学生，特别是高校学生干部，正赶上中华民族复兴的历史机遇，历史性地承担了强国富民的光荣使命。这就需要当代大学生进一步强化中华民族的脊梁意识，即强烈的历史使命感和社会责任感。立志建国家于富强之林、举民族于世界之巅，用实际行动为中华民族的复兴梦而奋斗成才。这样才能够无愧于伟大的时代，无愧于伟大的祖国，无愧于高校学生干部的称号。

（二）实事求是与一切从实际出发原则

实事求是，是一切工作的出发点。实事求是是马克思主义哲学的基本观点、毛泽东思想的活的灵魂、党的思想路线以及邓小平理论的基石。党的十一届三中全会以来，中国共产党从中国的国情出发，实行改革开放，使中国经济得到了突飞猛进的发展，人民的生活水平和中国的国际地位都有了很大提高，这就是坚持实事求是的结果。

实事求是对大学生有着极其重要的意义。大学生是一个具备特别力量的群体，是知识、文化和科技的载体，是社会主义现代化建设的后备军和接班人。从大学生的数量和未来的重要作用看，在大学生身上，尤其是高校学生干部身上，寄托着中华民族的美好未来。随着高校的扩招，大学生的队伍不断扩大，其本身的道德素质和价值取向呈现多元化、多层次性，出现了不同程度的问题。另外，国际国内形势的深刻变化，在有利于大学生树立自强意识、创新意识、成才意识、创业意识的同时，也给大学生带来一些不容忽视的负面影响。

21世纪是知识经济时代，在政治、经济、文化和科技的全球化和多元化时代背景下，综合国力竞争日趋激烈。国家安全所面临的挑战呈现前所未有的复杂性、多样性和艰巨性，身处其中的国家公民时刻都面对着国家荣誉、国家安全、国家利益对自身道德水准的考验。在这样的考验面前，没有明确、坚定荣辱观的人，就很难在大是大非面前作出清醒的抉择。2021年4月19日，习近平总书记在清华大学考察时指出："当代中国青年是与新时代同向同行、共同前进的一代，生逢盛世，肩负重任。广大青年要爱国爱民，从党史学习中激发信仰、获得启发、汲取力量，不断坚定'四个自信'，不断增强做中国人的志气、骨气、底气，树立为祖国为人民永久奋斗、赤诚奉献的坚定理想。"

当今大学生面对的现代社会，各种思想相互碰撞，各种道德标准相互交错，再加上各种犯罪活动和腐败现象层出不穷，社会繁荣的同时亦日趋复杂化。当前我国也正处于全面建设社会主义现代化国家新征程的飞速发展时期，大学生特别是高校学生干部更应该时刻保持清醒的头脑、坚定的立场，为中华民族伟大复兴而奋斗。纵观当前局势，我们不难看出，历史赋予了我们这一代青年艰巨的任务，大学生特别是高校学生干部作为未来国家建设的接班人，必须胸怀祖国，勇于承担建设社会的重任。面对新的时代、新的形势，大学生特别是学生干部不仅要具备扎实的专业知识和技能，还应该有坚定的政治立场、健全的人格和高尚的道德品质，才能担当建设国家的重任。然而，由于部分大学生基本的道德价值判断出现混乱，理想信念淡漠，思想道德滑坡，不知荣辱，不分是非，严重影响了其自身的成长与成才。大学生是社会的一面旗帜，被人民寄予了厚望。因此，大学生应重拾艰苦奋斗、勤劳勇敢的精神，树立社会主义荣辱观，成为有理想、有道德、有文化、有纪律的一代新人。

学生工作难做，特别是大学生的思想政治工作更难做。这是高校学生干部和辅导员老师共同心声。一方面，是由于人的思想的多元化和大学生思想素质的多层次性；另一方面，是大学生生活环境复杂化，各种诱惑刺激着人生观、价值观和世界观还未完全成熟的大学生，使之出现诸多问题。比如理想信念淡漠，责任感和荣誉感不强烈，心理问题，荒废学业，沉迷网络，酒吧，等等，这些行为无不背离社会主义道德。

为了适应时代的要求和社会的需要，针对大学生本身存在的种种问题，高校学生干部更要自觉养成"热爱祖国、服务人民、崇尚科学、辛勤劳动、团结互助、诚实守信、遵纪守法、艰苦奋斗"的良好品质，树立社会主义荣辱观。高校学生干部在完成各项工作任务时，不能凭主观想象、一时热情，而要深入实际，深入同学之间，根据实际情况有针对性地开展工作。

（三）以学为主与兼顾工作原则

高校学生干部是学校教育教学管理不可忽视的重要组成部分，在师生之间、学校与学生之间起着桥梁、纽带的作用，他们是校园文化的倡导者、组织者、学生工作的具体执行者。高校学生干部的首要身份是在校学生，而大学生在校的首要任务就是要实现成长为高素质的专门人才的目标。这必须要投入大量的时间去学习和完善自己的专业知识结构。对所学专业知识的系统掌握是大学生成才的关键所在。在此基础上，还要谋求其他知识的获得和能力的提升，才能成长为复合型人才。当前，有些高校学生干部没有把专业学习放在首位。他们认为出任学生干部就能锻炼出当代大学生的一些必备素质，如具备组织协调能力、管理能力和社交能力等就足够了。一些高校学生干部在工作中投入精力过多，影响了学习，背离了学生干部参与学生工作的初衷，既要圆满完成学习任务，又应尽职尽责地做好工作，而一些学生干部却忽视了专业素质培养，特别是思维素质方面的学习和锻炼，客观上存在混文凭、混学位的思想。这样的高校学生干部往往成绩平庸，缺乏在学习上成为同学榜样的"硬实力"，必然导致其作为学生干部在同学中间的影响力和号召力这样的"软实力"下降，高校学生干部工作的丰富文化内涵也因此大打折扣，沦为纯粹的事务性工作，大大降低了工作效能的发挥。

为了协调学习与工作，做到学习工作两不误，建议高校学生干部应做到四点：

1.主观上要以学习为主,摆正学习与工作的关系

学生干部首先是学生、其次才是干部。学生的天职是学习，学生干部在主观心理上不能倒置学习与工作的关系，要以做好学生干部为压力、动力，来抓好自己的学习，要始终保持良好的学习态度，坚持严谨、勤奋、求实、创新的学习作风。学生干部的模范作用，不仅体现在活动上带头，其也应成为学习上的佼佼者，这样才能提高自己在同学中的威信。唐代著名书法家颜真卿在《劝学》中的诗句"黑发不知勤学早，白首方悔读书迟"，同样值得学生干部常记心中。

2.提高学习和工作的效率,学会运用时间的艺术

中国著名数学家华罗庚曾深有感触地说："凡在事业上有所成就的人无一不是利用时间的好手。"高校学生干部应做到学习的时候专心致志，提高单位时间的效率；工作的时候雷厉风行，珍惜时间的价值，用最短的时间完成工作，从而利用更多的时间学习。要学会科学安排时间，摸准自己的生物钟，充分利用最佳时间，以创造良好的效果。在精力最好的时候，要尽量安排学习，以最短的时间获得较大的效益。在精力低潮的时候，可以安排一些事务性工作，同时也要注意学习他人的学习经验，并总结自己学习的体会。

3.要学会科学地制订并严格实施学习、工作计划

在安排工作的时候,要考虑学习的安排。如不能在期末复习阶段安排较复杂的活动,在制订学习计划的时候考虑工作的进度,并且能够保证学习计划雷打不动,否则势必会影响学习。

4.研究学习特点,遵循其规律

相较以往的学习,大学学习其突出特点是独立性、探索性、自觉性的增强。这就要求高校学生干部利用一切可利用的时间,借助读书和实践,通过自己的独立思考获得人类已有的知识成果,或用所学知识去独立分析问题,解决问题,完成学习任务,同时在学习上遵循学思结合、学用结合、用思结合的规律。只有不断地学习,不断地向思维系统输入新知识、新信息,才能促使思维活动由低级向高级发展。思而不学,思维系统就没有生命力,正所谓"思而不学则殆"。同样,知识只有通过实践才能转化为能力,实践出智慧,实践出真知,实践长才干。只有将用和思结合,才能在实践性学习过程中将只能意会而不能言传的要领亲身体会,学到的知识才能得到升华。

"纸上得来终觉浅,绝知此事要躬行"。以上列举了一些具体做法,真诚希望所有高校学生干部能做到"工作学习两手抓,独树技巧一枝花"。

(四)服务他人与无私奉献原则

服务意识强是现代人才的一个重要特征。作为一名高校学生干部,应有一种无私奉献的精神,有一种燃烧自我的信念,有一颗全心全意为广大学生服务的心,学会用自己的真诚与热情化解学生之间、师生之间的矛盾。然而,有极少数学生担任学生干部,承担工作任务,并非出自为广大学生服务之心,而是为取"名"得"利"。如其担任学生干部是为了显示自己比别人优秀,工作积极热情是为了在教师面前挣表现等。持这种不正常心态不利于学生工作的开展,也不利于学生干部个人的健康成长。高校学生干部应是被大多数学生信任,能够代表学生的利益,反映学生的呼声,组织学生进行自我教育、自我管理、自我服务的群体。学生干部生活于广大学生之中,往来于教师同学之间,贯穿着学校的教育目标,为学生大大小小的事情奔忙着,既要抓好自己的学习和生活,又要为所负责的群众服好务。因此,学生干部要比一般同学付出较多,有时不得不干一些很微小但又十分烦琐的事情,常常需要做一些一般学生都不愿意干的又苦又累甚至得罪人的工作。因而,如果没有热心为同学热心服务的思想准备，没有任劳任怨、勇挑重担的工作态度是很难胜任学生干部工作的。即使是在平时的一些小事上，学生干部若不能做到时时、事事吃苦在前，奋勇当先，以身作则，处处起模范带头作用，有着过硬的思想素质，对同学们的消极影响也是相当大的。可想而知，这样的学生干部不能得到同学们的好评，其号召力与影响力就很有限了，这样的学生集体也就不可能有较强的凝聚力和积极向上的精神风貌。

1. 良好的服务意识可以协调学生干部与普通学生之间的关系，使其得到广大学生的支持与理解

服务意识对于高校学生干部来源是极其重要的。学生干部在高校是一个比较特殊的群体。这种特殊性主要表现在两方面：一方面，他们是学生，这是他们最主要的社会角色，这种社会角色决定了其活动的空间、价值取向、行为方式，表现了与一般学生相同的普遍特征；另一方面，他们又不同于一般学生，他们要完成一定的社会工作，担负着与普通学生不同的管理者的角色，在学校与班级、教师与学生之间起着重要的桥梁和纽带作用。在这个普遍性与特殊性之间，学生干部必须树立正确的服务意识，把为同学服务作为一切工作的出发点和落脚点，才能达到学生组织"自我教育，自我管理、自我服务"的基本要求，才能让同学们得到一种亲切、自然之感，才能赢得广大学生的信赖与支持。通过为同学服务，以低姿态与同学接近，以实际行动融入同学当中，与同学同甘共苦，携手前进，才能真正急同学之所急、想同学之所想，进而更直接、更有针对性地服务于广大学生，而不至于脱离班级、脱离同学。

2. 良好的服务意识可以提高高校学生干部的工作质量和效率，有助于学生工作的顺利开展

高校学生干部的先锋模范带头作用在学生工作中起着举足轻重的作用。"其身正，不令而从；其身不正，虽令不从"。行动是无声的语言，学生干部既要当"火车头"，又要当"老黄牛"。只有自己首先做到了，才有理由去要求别人。只有学生干部以身作则，身先士卒，带头垂范，才能带动其他干部和同学，才能切实有效地提高整个学生干部队伍的工作质量和工作效率，进而推动学生工作的顺利开展。

3.确立良好的服务意识是学校和社会的发展需求,有助于高校学生干部的成长与成才

作为学校对大学生提出的思想道德要求的传达者、大学生良好的思想品德形成的榜样,高校团学干部的服务意识强不强,作用能不能充分发挥,直接影响大学生的成长成才与否,直接关系高校能否向社会输送合格的人才,直接关系国家的未来。学生干部应确立服务意识,为同学服务,为社会服务。早在1939年毛泽东同志提出了"为人民服务"的口号,这简单的五个字始终贯穿着共产党人的奋斗历程。在共产党的带领下,中国从落后挨打到独立自主,从贫困落后到现在的小康社会。共产党人在刻苦拼搏中不断深化为人民服务的理念,从而在人民心中树立了光荣而又伟大的形象。雷锋、王进喜、焦裕禄和孔繁森等,这些服务于人民的共产党人,他们的事迹耳熟能详,他们的名字永远被记得,这是为什么?是因为他们在奋斗中的服务精神,是因为他们朴实无华的为人民服务的理念。

在成长过程中,不仅会得到,还需要不断地付出。正是那些默默无闻,服务人民、服务社会的老一辈革命家,以及现在工作在不同岗位上普通人的奉献,才推动着社会的文明进程。所以,作为建设中国特色社会主义事业的合格建设者和可靠接班人,具备良好的服务意识既是学校和社会发展需求,更是当代高校团学干部成长成才的必备品质。

高校学生干部是教师和学生的桥梁,既需要具备踏实做事的态度,又需要具备运筹帷幄统筹全局的能力。要少一点急功近利,多一点平心静气;少一点哗众取宠,多一点踏实稳重。真正做到:清清楚楚看昨天,扎扎实实抓今天,高高兴兴看明天。向昨天要经验,向今天要成果,向明天要动力。服务意识是高校学生干部的必备品质,只有具备较强的服务意识,才能推动学生工作的顺利进行,才能在服务中成长、在实践中提高。

(五)积极进取与开拓创新原则

2013年7月17日,习近平在中国科学院考察时强调,要真正把创新驱动发展战略落到实处。2013年9月30日,在中央政治局第九次集体学习时习近平指出,要把创新驱动发展作为面向未来的一项重大战略实施好。2014年1月6日,在会见探月工程嫦娥三号任务参研参试人员代表时,习近平再次强调,坚持走中国特色自主创新道路,敢于走别人没有走过的路,不断在攻坚

克难中追求卓越，加快向创新驱动发展转变。

对于当代大学生来说，创新能力是素质结构的核心能力、是奉献社会的生存之根和发展之本。当今世界，无论是知识的竞争还是技术的竞争，归根到底都是创新人才的竞争。习近平总书记在党的十八大报告中指出："不断推进理论创新、制度创新、科技创新、文化创新以及其他各方面创新。"培养具有创新能力的人才是时代的迫切需要，也是一个国家走向繁华富强和在国际竞争中立于不败之地的条件。

1.高校学生干部的创新能力培养的意义

高校学生干部是学生中的高素质群体，相对而言，他们更具有创造性、能动性和号召力。目前，高校学生干部占学生人数的20%~25%，其中包括班级、团支部、院系学生会、团总支、校团委、学生会干部，以及各种学生社团的学生干部，这支人数众多、机构健全、自成体系的干部队伍在高校学生工作中起着十分重要的作用。优秀学生干部是学生工作者的得力助手，重视学生干部的创新能力培养将是推动学生工作不断向前发展，从而促进学生整体素质的不断提升。因此，加强高校学生干部创新能力的培养具有极其重要的意义。

2.高校学生干部的直接作用

一是高校学生干部在学生中起着重要的模范、带头作用，是共青团与学生事务工作的得力助手，是教师与学生之间的纽带。高校学生干部及时向同学传达学校的方针、规章制度、工作精神，组织开展各类学生活动，通过各种渠道及时向学校及有关部门反映学生在学习生活等方面的意见或建议，协助学校及时发现问题与解决问题，真正做到"上情下达与下情上传"。

二是高校学生干部是学校政治工作和常规管理工作的重要辅助力量，是学校与学生之间沟通的桥梁，是学生工作顺利开展的有力保证。

高校如果仅仅是依靠行政人员和教学人员的管理而没有绝大多数学生的参与与配合，是无法正常运转的。学生干部相对行政人员与教学人员具有天然优势。他们与一般学生处于同一个年龄层次，同一学习、生活环境，有着相似的阅历和经历。一般学生的思想情绪，学习情况、生活问题，学生干部都能体会、理解。因此，更有利于开展工作，教育管理者与学生干部只有相结合，并进行有效的合作，才能够保证高校的正常运转。

重视高校学生干部队伍的建设，培养一支素质高，能力强的学生干部队伍，探索以学生干部队伍为辐射点的学生管理新模式，对高校的管理、校风、学风以及学生的健康成长都有着非常重要的意义。

三是高校学生干部既要接受学校的管理，又要参与学校的管理，是主体和客体的统一。作为学生，他们是受教育的对象，属于受教育者；作为学生干部，又参与管理，是高校思想政治工作的常规管理的重要辅助力量，起着教育者的作用。这种身份的两重性构成了高校学生干部的特殊性。作为客体，应当鼓励他们刻苦学习，不断提高自身的综合素质；作为主体，要尽可能发挥他们在教育管理中的作用。

3.高校干部创新能力的培养是高校发展的要求

首先，高校学生干部创新能力的培养，是衡量高校教育质量的重要内容之一。培养创新型人才，不仅是时代的召唤，而且是大学教育自身发展逻辑的必然结果，是新时期衡量高校教育质量的重要内容之一。根据《中华人民共和国高等教育法》，"培养具有创新精神和实践能力的高级专门人才"，以及"培养创新人才是对高等学校的基本要求"，培养创新型人才是衡量高校教育质量的主要因素。当然，要衡量一所大学教育的整体质量，还包括其他因素，如高科技科研、高素质师资、丰富的图书资料和先进的仪器设备等。但是，大学只有在完成高素质的创新型人才培养这一根本任务的前提下，才能够去履行其他职能。既然教育是培养人的活动，那么，没有人才质量的高等教育是不可能满足人们受教育的需求的，而培养不出高素质创新型人才的高等教育也难以迎接知识经济的挑战，更不可能对社会主义现代化建设起积极作用。即将到来的知识经济社会，急需适应能力、创新能力皆强的创新型人才，能否培养一流的创新型人才，成为衡量一所大学是否为一流大学的重要标志。

其次，高校学生干部创新能力的培养是满足社会发展的需求，是知识经济时代的内在要求。在21世纪的知识经济时代，经济效益的提高主要以智力资源为基础，以高新技术为支柱，以科学研究和技术创新体系为后盾。知识经济需要新思想、新知识、新技术、新人才作为支撑。这就要求大学教育必须适应发展改革现状，具备创造专长和创新功能。

最后，高校学生干部创新能力的培养，有利于活跃校园氛围。学生社团干部是社团的骨干力量，他们大多有较高的工作热情、较强的组织管理能力和号召力，在社团成员中享有较高的威信，一个高校社团活动开展得好不好，在很大程度上取决于社团干部的表现如何，如果这支队伍能够发挥积极的示范表率作用，就一定会广泛而深刻地影响社团其他成员，在学生干部的带领下将校园的各项活动开展得有声有色，使校园氛围更加活跃。

(六)团结协作与共同进步原则

一般来说，高校学生干部具有的基本素质，必然包含团队精神。"主观武断，一意孤行"是一个团队最忌讳的。学生会是学生自我管理的自治性群众组织，其工作具有相对的独立性，在学生会里工作的每一位学生干部都有一定的自主决断权。也正因为如此，容易导致主观武断、一意孤行的现象出现。比如有学生认为，我是主席，一切都由我说了算；在部门里，我是部长我最大；等等。这是完全不能有的思想。俗话说：三个臭皮匠，顶一个诸葛亮。只有民主，只有广开言路，虚心听取委员、干事、班级同学的意见，才能达到群策群力，才能聚千家之精华，成一人之风骨，才能拥有稳定而和谐的工作环境，才能真正把工作做好。团队并不反对个性的张扬，但个体必须与团队的行动相一致，树立整体意识和全局观念，时时考虑团队需要。每位学生干部都需要互帮互助、互相照顾、互相配合，为集体的目标而共同奋斗。在实际工作中，由于个别差异、素质参差不齐，团队精神总会有一些阻力、问题和困难，但是，只要每一位学生干部能有一个共同奋斗的目标，将为同学办事的热情置于心中，就能拥有强大的力量。每一位学生干部都应该有全局意识，从大局出发，为了整个团队的共同目标而努力，甚至必要时勇于选择牺牲个人利益。

(七)勤于工作与崇尚务实原则

高校学生干部是学生的代表，是学校与学生之间的桥梁和纽带，自然应当反映学生的心声，同时还要传达、落实学校的各项工作安排，很好地发挥中介作用。每一位学生干部都应该时刻切记：不管任什么职务，都要摆正位置，明白自己最根本的身份就是学生，自己和同学之间一切权利与义务都是平等的。可以把学生会的工作当作自己学生时代的一份事业来做，只求尽心尽力，不计辛劳地服务好同学，绝不能高高在上，脱离同学，养成一种官僚作风。要想做好工作，化解可能出现的各种矛盾，就必须拥有一颗火热真诚的心，并投入满腔的热情，能够让自己在工作中找到乐趣而不感到乏味甚至失落。同时，这样的热情也会影响他人，给他人树立良好的榜样，有助于形成良好的校园氛围，促进工作更好地顺利开展。而且这种工作热情越持久，工作的成绩就越大，得到的锻炼也就越多。

二、高校学生干部工作的基本内容

大学校园有各种不同类型、不同性质的学生组织，包括班级、党团系统、学生会和学生社团等。不同学生组织中的学生干部有很多不同之处。要对不同的上级机构负责，要承办和开展不同级别、不同类型的活动。不过，有些普遍性的工作，是每个高校学生干部都必须从事的。高校学生干部工作是一个动态的过程，可以将工作内容分为四步：制订计划，实施组织，控制监督，归纳总结。

(一)制订计划

"凡事预则立，不预则废"，在实施工作之前，要明确相应的目标，做到"胸中有丘壑"，要制订详细而周密的计划。

1.制订工作计划

所谓工作计划，就是机关、团体、企事业单位的各级机构，针对一定时期的工作预先作出安排和打算。高校学生干部在制订计划时，要有一个明确的目标，那种"以其昏昏，使人昭昭"的方式肯定会使后续工作举步维艰。因此，要有一个明确的工作计划，并且要将责任细分，并落实到每一个人，这样才能圆满完成各项任务。制订工作计划，要求简明扼要，具体可行，一般包括：（1）调查分析，确定目标。高校学生干部在确定目标时切忌盲目，计划要分长期计划、中期计划、近期计划。只有明确任务目标，才能制订切实可行、符合整体目标的计划。（2）论证分析，提出草案，确定总体目标后，各部门集思广益，通过协商，提出征求意见稿。（3）充分斟酌，确定计划。提出草案后，辅导员老师或部门的负责学生就要确定最终总体计划，保证计划的稳定性、方向性、可行性和指导性。

2.建立良好的激励机制

在高校学生干部的工作中，建立良好的激励机制，制定相应的奖励措施，可以充分调动其积极性。例如，在学期的工作考核中.通过设立考核激励体系，根据其学期内的工作表现进行评分，对表现优秀的学生干部进行奖励，同时对表现较为落后的学生干部进行指导、鼓励，以期得到进一步的提升。

激励机制（Motivate Mechanism），也称激励制度（Motivation System）。是指通过一套理性化的制度来反映激励主体与激励客体相互作用的方式。马斯洛理论把需求分成生理需求、安全需求、社交需求、尊重需求、自我实现需求五类（见图5-1），依次由较低层次到较高层次排列。在制订计划时，要有相应的措施来调动学生干部的积极性。因此，要建立相应的激励机制，如竞争激励、榜样激励、目标激励等，让学生干部觉得如果做好相应的工作，自己的需求就会在某种程度上得到满足。

图5-1　马斯洛需求金字塔图

（二）实施组织

经济学家习惯用成本与收益来衡量一个企业的经营水平。对于高校的学生干部来说，要想投入最少的成本做好日常工作，并实现自身价值的最大化，就需要有一个好的实施组织过程。

1.注意优化各环节

组织的核心就是分工与协助。在实施组织的过程中，要协调好人力资源，明确各自任务、职责和权利、义务，要注意协调好各个步骤之间的关系，合理配置资源，做到优化设计，从而保证工作的协调性。

以学生干部日常会议为例，在会议中应充分认识到各个部门的责任权利，在对下一步工作的布置中做到有的放矢。这样，一方面能够让各部门有所安排，另一方面可以提升各部门之间的工作效率，确保工作有条不紊地进行。

2.注意发挥高校学生干部的周边绩效

所谓周边绩效行为，是指主动地执行不属于本职工作的任务；在工作时表现出超常的工作热情；工作时帮助别人并与别人合作工作；坚持严格执行组织的规章制度；履行、支持和维护组织目标。

所谓发挥高校学生干部的周边绩效，是指建设相应的组织措施，让学生干部在完成相应的本职工作之余，多进行相互联系、相互协调、相互合作。大多数关于周边绩效的理论都涉及有关利他、助人、合作等行为的讨论。研究表明，这些行为可以减少摩擦，协调工作，帮助学生干部排除阻碍绩效的因素，提高工作效率。在团队研究的理论中，有一类角色称为协调员。在工作中，这些人本身的绩效并不明显，但他们乐于协调他人的工作与部门之间的活动，他们的介入会使团体绩效显著提高。从成绩评估的角度来看，这类人的任务绩效并不突出，而周边绩效行为却很优秀，从而导致团队绩效的提高。

假设为完成一定的目标，每个学生干部正常花费的时间为固定成本，而由于摩擦等其他原因多花费的时间为可变成本，则周边绩效的作用可以用两条曲线来表示（见图5-2）。

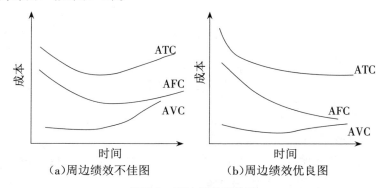

(a)周边绩效不佳图　　　　(b)周边绩效优良图

图5-2　周边绩效的作用

图5-2中，ATC为平均成本，AFC为平均固定成本，AVC为平均可变成本。ATC=AFC+AVC。如果实施组织不合理，学生干部的周边绩效低，则任务刚开始时，由于具有热情等积极因素的影响，学生干部做事的效率较高，使得ATC和AFC降低，AVC处于较低的位置。而随着工作的进行，由于摩擦等不利因素的影响，使得效率降低，则ATC和AFC增加，AVC也增加。相反，如果实施组织合理，则从任务开始到完成这一段时间里，ATC、

AFC、AVC 都会不断降低，效率自然就提高了。

以学生工作会议为例，会议是活动组织实施采用的重要形式。对于学生干部来讲，讲究方法与艺术，对于贯彻会议宗旨，形成良好的会议气氛以及提高会议效率具有相当重要的作用，同时也可以反映学生干部各种领导能力和素养水平。因此，在会议方面应注意四点：（1）以饱满的工作热情和奋发进取的精神状态出席会议；（2）讲话简明扼要、热情洋溢、准确有力、风趣幽默、生动，有鼓动力；（3）牢牢抓住会议主题、抓住重点，中肯有力，掌握问题的实质；（4）注意集思广益，不固执于自己已经形成的主意和想法，不过早表达自己的主意和想法，防止压制与会人员的积极性、主动性和创造性。

（三）控制监督

在控制与监督中，总的原则是要采取抓大放小的方式，尽量发挥学生干部的主观能动性。所谓"抓大"，就是抓住组织原则不放，抓住党纪国法不放，抓住促进学生干部整体发展方向不变；至于"放小"，就是在规则允许的范围内，不求全责备，让他们充分展示自我，从而达到锻炼队伍的目的。

1.要注意监督机制和约束机制的协调

科学研究表明，人是具有极大潜力的，但是否能充分发挥，则取决于激励的程度。高校学生干部的工作效率与其能力、积极性的发挥是成正比的，通过对学生干部的有效激励，能使学生干部不断反省自己、鞭策自己，从而提高工作效率。因而，合理的激励机制，能使高校学生干部充分发挥才能。而约束机制则使高校学生干部在工作中的有损学生干部形象的行为，都可以通过相应的监督系统反映，并采取有效约束或惩罚，使他们能及时改正错误。激励和约束机制两者互相统一，缺一不可。只有两者相互结合，才能保证高校学生干部业绩好时有奖励、业绩差时有约束，从正反两方面来管理学生干部的行为。

2.要注意处理错误的艺术

对于学生干部在各种活动中所犯的非原则性错误，作为领导者的教师，要勇于承担责任。当然，这并不是说有了错误就随便处理，要让他们知道自己的错误，并帮助他们改正错误，并且激励他们在不断纠正自身错误的基础上更好地成长、更快地成熟。

此外，在实践中，高校学生干部作为第一线的计划制订者，要带头行动；作为现场的管理者，要严格进行自我要求与监督管理。必须做好三点：

（1）要明确"我为人人，人人为我"的服务意识

这是做好一切工作的前提和根本。学生干部要按照为广大学生服务的工作准则，尽可能地为同学们营造良好、和谐的学习生活环境，提供丰富多彩的课外实践环境。本着"为同学服务"的宗旨，在各项管理和组织工作中，体现严格的自查、自律精神，起带头表率作用，达到"其身正，不令而行"；摆正自身位置，处理问题时遵循平等、客观、公正，对事不对人的原则，不能徇私枉法。

（2）在工作中要有竞争意识

争创最新项目活动时要发动同学，充分调动他们的积极性，真正围绕目标，齐心协力、群策群力，不达目标决不罢休。

（3）在活动内容的选用上要有创新意识

应根据党的当前政策和学校总体目标活跃校园文化氛围，多从广大学生的兴趣点来选择开展各种活动。在各项实践活动中融会贯通学科知识，真正做到理论联系实际，从中发现自我的不足，取长补短，用理论来指导实践，用实践来验证理论。

(四)归纳总结

在目标实施过程中，要将实际情况进行反馈，以便能够对某些考虑不周的地方进行调整。而在任务完成后，及时地总结与归纳经验教训，为下次任务的制定提供相应的参考。通过对实际情况的总结，了解活动中存在的不足以及需要改进的地方，为以后类似活动的开展提供指导。

归纳总结，就是通过分析、评价已完成的工作，包括取得的成绩、存在的问题和吸取的经验教训等，从中找出规律性，以便在今后的工作中借鉴参考。归纳总结应做到两点：

1.要以计划为依据,检查为手段

在组织实施的过程中，发现问题，分析问题，对照计划进行检查。再通过检查和自我检查，发现问题产生的根源。

2.抓住特点,总结规律

抓住重点、抓住矛盾的特殊性，从而总结规律性，为今后的工作提供指导和经验。

第六章 高校学生的自我管理

第一节 高校学生自我管理的意义与原则

一、自我管理的内涵及特征

作为现代管理科学意义上的自我管理，对许多人来说，也许还是一个比较陌生的概念。那是因为在人们熟悉的文化中，管理自然界、管理组织和管理员工的图景远多于管理自我。甚至在20世纪的大部分时间，经济学家、管理学家和心理学家们探讨的主要问题，也是如何改造、管理自然界，如何管理企业，如何激励他人、改变他人等方面的问题，对于如何管理自己的问题却较少涉及。

但是，随着社会生产力的提高和人类文明发展的进一步要求，自我管理的问题日益成为人们共同面临的而又必须解决的一个重要的理论和实践课题。自然生态环境的不断失衡，自然资源和能源的不断耗竭，人口的急剧膨胀，热战和冷战的持续不断，这一切都迫切要求人类要学会管理自己；市场竞争的激烈，学习工作压力的不断增加，心理的失控和身体的失调，这一切都迫切要求每个人都要加强自我管理；知识经济的到来，终身教育的产生，管理工作方式的不断分散化，个人自主性的增强，这一切都要求人们实施自我管理。

什么是自我管理？目前仍众说纷纭。从宏观而言，是人类为了获取持续生存和发展的权利而对自己的活动进行合理筹划与控制的过程。1981年，"罗马俱乐部"总裁奥雷利奥·佩西提交了一份关于人类未来的研究报告——《未来的一百年》。他在报告中指出："学会如何治理世界，必须首先学会如何管理我们自己。"这里的"管理我们自己"就是指整个人类的自我管理；从中观、微观来说，是指社会团体或个体，为在社会中获取更大的生存和发展空间，以及为不断地满足物质和精神上的需要而对本身的观念或思想以及行为进行筹划和控制的过程。陈运明在其博士论文《关于学校多层次自我管理的研究》中提出："学校有效的管理体制应是学校层次（指学校整体）、团体层次（指学校内各教师、学生团体小组）和个体层次（指学校内各教职员工和学生）三层次自我管理的有机结合。"这里的自我管理就是指中观、微观层次的自我管理。但本书着重讨论的主要是大学生个体的自我管理问题。

关于个体自我管理，有两个定义值得借鉴。一是美国马茨（Marts）学院的爱德华兹·吉·奥基夫（EdwardJO'Keefe）教授在其《自我管理与ABC方法》一书中的定义："自我管理不是我们创造的使我们自己适合进入的一个模子。它是我们创造的一个选择，是我们创造的关于我们将如何管理我们的动机、我们的时间、我们的学习习惯、我们的人际关系以及任何我们生活的其他方面的一种选择……作为它的最基本的方面是关于我们将如何引导我们的情绪、行为和认知处于我们所希望状态的一种决策。"二是中国学者方卫渤和肖培在其《管理自己》一书中的定义："自我管理是指处在一定社会关系中的人，为实现个人目标有效地调动自身能动性，规划和控制自己的行动，训练和发展自己的思维、完善和调解自己心理活动的自我认识、自我评价、自我开发、自我教育和自我控制的完整活动的过程。"

从上述关于自我管理含义的理解可以看出，自我管理具有三个最基本的特征：

首先，从管理主体看，自己就是自我认识的主体，是自己的管理者，是开发自我宝藏的"厂长和经理"。你想成为工程师和企业家吗？你想成为教授和科学家吗？那么你就是这些"产品"开发、生产和销售的老板。

其次，从管理对象看，自我管理以自己为认识和管理的对象，具体来说，就是以自我所拥有的内在资源，如思想观念（价值观、道德观、人生观、动机等）、时间、情绪、行为、身体、信息等为管理对象。这是集中体现自我管理本质的一个最基本特征。人与自然、社会密不可分，但人具有相对独立性，每个人都是一个相对独立的个体，拥有一个自我的世界，在自我的世界里，资源丰富但也等待开发。而且，人们对外在自然资源开发和利用的高效率与有效性依赖于自我内在资源开发及运用的高效率与有效性。

最后，从管理工具看，自我管理以自身素质，尤其是以自我认知（意识、想象、思维、创造力等）、自我情绪、情感和自我意志等学识和心理品质等为工具去管理自我。

因此，就本质而言，在个体自觉地塑造自我的活动中，自我管理实现了创造者、创造资料（工具）和创造对象的一体化。也就是说，在自我管理活动中，创造资料、创造对象和创造者都是同一个"自我"，它们与人的躯体和内在素质融于一体。自我管理正是以此为最根本特征而区别于其他管理活动。

当然，自我管理仍然属于管理学的范畴，它同样遵循管理学的一般法则，即它同样必须以目标为导向，以计划、组织、控制为基本职能。

二、大学生自我管理的含义

基于上述分析认为，大学生的自我管理就是指大学生为了实现高等教育的培养目标以及为满足社会日益发展对个人素质的要求，充分地调动自身的主观能动性与卓有成效地利用和整合自我资源（价值观、时间、心理、身体、行为和信息等），而开展的自我认识、自我计划、自我组织、自我控制和自我监督的一系列自我学习、自我教育、自我发展的活动。这是广义角度的理解。如果从狭义角度来看，自我管理、自我学习、自我教育、自我发展呈金字塔形排列，自我管理在金字塔的最底部，它是开展其他活动的基础，其他活动的实现都应建立在有效自我管理的基础上。

自我管理是一种自觉的社会行动。个人的自觉就在于能按照社会发展的要求来安排自己的学习生活实践。因此，大学生学习生活的自我管理，应该包含着社会发展目标、高校教育目标、个人学习生活目标、个人有效行为四者之间的有机统一。其中，个人学习生活目标是自我管理的核心，社会发展目标和高校教育目标是个人学习生活目标赖以确定并实施自我管理的基础与依据，个人有效行为是自我管理、自我发展的具体实践，是个人学习生活目标得以实现的根本途径和保证。大学生自我管理的目的正是为了有效地协调学习生活的各个内外要素，充分利用大学所提供的实践条件，最大限度地提高自己的综合素质，以适应社会发展的需求。

三、大学生实施自我管理的意义

实施自我管理既是大学生个人成长和发展的需要，也是中国高等教育中学生管理工作改革的要求，还是造就知识经济和高科技社会需要的高素质人才的重要措施。无论对当前，还是对未来，都有深刻的意义。

（一）大学生自我管理是创造自我价值的有效工具和手段

所谓价值，简单来说，就是有用物对人的意义、重要性，或人对有用物的估价与评价。世界上最有价值的是人。人是物质价值和精神价值的创造者，当然也是物质价值和精神价值的享用者。社会要求每个人既是价值的创造者，又是价值的享受者。但是人要创造价值，首先必须具有自我价值，即具有满足社会物质需要和精神需要的条件与能力。

以大学生就业问题来说，有一些大学生毕业后一时找不到工作或待在不合自己心意的岗位，就抱怨社会的不公平，牢骚不断，以致意志消沉。这种认识和做法显然是不科学的、不可取的。无可否认，大学生就业难，这是中国目前一个严峻的现实。这里有宏观经济环境的问题，有中国现行教育体制的问题，但最根本的问题还是在于大学生，是否是社会发展所需要的高素质人才，自身是否具有高价值。据调查，当前一些毕业生在素质上的缺陷主要表现在三个方面：其一，在人际交往中，常常不能摆正自己与他人、眼前利益与长远利益的关系。其二，知识面过窄，能力比较单一，理论与实际脱节，往往是懂理论的不懂操作，懂操作的不懂管理，懂管理的不懂经济，等等。其三，缺乏创新进取精神和创新能力。一些大学生对自己的评估存在盲目性、集中体现为"大事做不来，小事不愿做"，朝秦暮楚、好高骛远、不愿吃苦等现象也不少见。正是这些素质上的缺陷使其自我价值受损、影响其工作和岗位方向的选择，增加了就业难度。实际上，工作机会本身是人创造的，而绝非社会和自然界自动给予的。能不能把握好这个机会，关键在于自身价值的高低。

所以大学生要顺利就业，为社会做贡献，首要的问题就是要使自己有价值，并不断提升自我价值。一个具有价值的大学生不仅有知识、有能力，而且能够发挥这些知识和能力的作用，为社会创造价值，要具有良好心理素质、道德素质、思想素质、政治素质以及身体素质。也可以说，一个大学生价值的大小，同其内在的文明素质有密切关系。一般来说，思想品德和科学文化素质越高，其认识能力、创造能力就越强，其自身的价值也就越高，其可能创造的社会价值就越大。大学生价值的形成包含在求学期间其价值观和动机的确立、行为的选择、时间和心理的运用、信息与技能的获取和处理（包括知识学习和能力训练）、身体的调节以及校内社会工作的角色定位（主要指担任学生干部工作）等一系列活动之中。这些活动构成了大学生价值形成的链条关系，称之为大学生价值形成链。

如同通常所说的管理是社会生产力发展和社会经济价值创造的有效工具一样，自我管理也是个人生产力和自我价值创造的有力手段与工具。这里所说的"个人生产力"是指每个人利用、开拓和改造自身内在资源（与外在资源相区别）的能力。通过自我管理，可以使价值形成链得以有效展开，使人格素质得到不断提高。或者说，通过自我管理，可以将内在的资源（价值观、时间、心理、身体、行为、信息等）进行有效的分配和整合，充分地开发个人的潜能，实现每个人的全面发展和创造更高的自我价值。

例如，合理地管理自身的心理，将提高自身的认知水平，增强自身对情绪的控制力和意志力；合理地管理自我的时间，将加速个人发展的进程，创造更多的价值，实际上相当于延长了自身的生命；合理地管理自己的身体，将使自身变得更为强健和富有活力；合理地管理自身的信息和知识，将使自身变得更加聪明和博学；正确并合理地对自己校内的社会工作角色进行定位与管理，不但将使自己获得更多的管理知识和技能，还将有机会学会处理人际关系的正确方法；合理地管理自身的价值观、动机和行为，将使自己的每一项活动都成为一个有效的学习过程，一个使自我价值逐步增值、素质不断提高的过程。在这里尤其重要的是，通过自我管理可以突破学历的价值定势，即使你是专科生，照样可以如同本科生或者研究生一样创造价值，甚至创造比其更高的价值。可以说，只要你有效地把握自我管理这一武器，对自我价值的创造是不受时间和空间的限制的。

（二）大学生实施自我管理是改革学生管理工作和实施素质教育的重要途径

中国教育一直是以培养学生成为德、智、体、美、劳等诸方面全面发展的新人为目标，突出地强调了人的全面发展。

关于人的全面发展，最基本的内容应包括两层含义：第一是指唤醒人在进化过程中所获得的各种天赋潜能素质，使之获得最充分的发展和发挥。人在自然历史进程中所获得的这些潜能素质，是人在自身这一自然物中沉睡着的力量。它若得到开发，便会表现为人类特有的感觉能力、思维能力、情感、意志力以及体力。

第二是指人的对象性关系的全面形成和个人的社会关系的高度发展。在这里，人的对象性关系的全面形成是指人通过其与世界的多种多样的关系，全面地展示自己的本质的完满性。而个人的社会关系的高度发展，是指个人通过积极地参与各个领域、各个层次的社会交往，同无数其他个人，从而也就是同整个世界的物质生产和精神生产进行普遍的交换，使个人摆脱个体的、地域的和民族的狭隘性。

从实现人的全面发展这一目标要求来看，高等学校的管理理念与人本管理的思想应是相通的，也可以说，贯彻人本管理思想是高等教育管理的应有之义。在高等教育管理体系中，大学生的自我管理应是最为核心的内容。从系统观点来考察，符合人本管理原理的高校管理模式应是以大学生个体自我管理为核心、以学生团体组织（学生会、班委会、寝室管理小组）自我管理为重点、以学校制度（或常规）管理为基础的有机结合的三位一体化模式。

1.对大学生个体实施自我管理符合当代大学生成长发展的规律

学生成长的动力是社会的进步对学生素质提出的更高要求与学生现有素质水平之间的矛盾，学生实施自我管理则是促使这一矛盾转化的重要手段。只有能被学生接受的管理才是有效的管理。自我管理既是学生能全身心投入的可接受的管理，也是学校管理工作有效性的集中表现。

实施自我管理是符合当代大学生生理、心理发展特点和角色地位变化需求的。当代大学生的自我意识已经分化并逐渐成熟，他们在智力、道德和社会等方面都开始形成并发展着有一定深度的自我认识，具有一定的独立性和判断力，初步具备了探索世界的能力，产生了一种了解自我，努力使自己德、智、体、美、劳等各个方面获得提高和发展的强烈要求。这种强烈的自我意识和自我发展的要求，是当代大学生进行自我管理的重要思想和心理基础，也是实施自我管理的内在依据。

从现实角色看，从中学生变成了大学生，意味着从家长的"保护伞"下走出来，从教师的严格督导下相对地独立出来。可以说，大学生已经从依附父母、依附教师，转化为自己驾驭和把握自己的人生，开始获得了相对独立的地位，是一个相对独立的生活角色。大学期间学生在时间、心理、信息、行为、财物等与学习生活相关的各个方面，主要是靠自己来料理。在这种情况下，要使自己在大学学有所获、学有所长，就必须对自己各方面进行自我筹划与管理，即自我管理。也就是说，大学生已具有相对独立的角色地位以及相应的支配权，已具备了实施自我管理的前提条件。

2.对大学生群体组织实施自我管理,是实现大学生个体全面发展的需要

人是社会关系的总和，大学生要实施自我管理，实现个人发展目标，离不开集体的力量。正如马克思所指出：只有在集体中，个人才能获得全面发展其才能的手段，也就是说，只有在集体中才可能有个人的自由。这就意味着在健康的大学生群体中对学生个体实施自我管理计划将发挥重要的作用。但是要形成健康向上的集体，离不开有效的团体组织，尤其是团体组织的共同价值观和理想信念，是影响大学生自我管理计划实现的主要因素，一个奋发向上、积极进取、勤奋学习的团队，有利于激发各个成员的积极性、主动性和创造性，使每个成员能自觉地将聪明才智贡献给团体，与此同时，也使自身的才能和个性获得更全面的发展。因此，在学生管理工作中，强化学生团体组织的自我管理是至关重要的。

3.有效的学校制度管理是学生个体和群体自我管理目标实现的重要保障

学生要顺利实施自我管理计划，还必须具有良好的教学和生活秩序。为此，学校必须把学生（包括个体和群体）的自我管理的与学校的制度管理结合，强化学校的制度管理，从而为学生自我管理计划的顺利实施提供保障和支撑。要发挥规章制度对学生自我管理的引导、约束、奖励功能，使学生良好的自我管理行为得到应有的保护和发扬，不良的自我管理行为得到抑制和纠正。学校的制度管理包括对制度的制定、修改、实施、监督、控制和效绩评价，它是学校管理的基础。

事实上，大学生自我管理的行为可能产生三种态度：其一，是在学校严格的制度管理下的服从态度。这是一种并非出于自己意愿，而是在外界精神或物质压力的推动下所形成的态度，比如学校舆论、校规校纪、奖惩手段等规范、制度，都可能使学生产生不得不服从的态度。其二，是置身于严于律己的集体氛围中的认同（或者说同化）态度。所谓认同（同化）就是自己自愿地接受周围群体的感染并采取与他人要求相一致的态度。这种态度和行为依赖于环境的影响。其三，是自己把某种思想观念完全纳入个人的价值体系的内化态度。这种态度和行为完全发自内心，相对稳定，能持久发挥作用。

要实现高校学生管理工作的理想目标，应大力倡导第三种自我管理的态度。大学生应把报效社会、服务大众的远大志向作为人生的目标，并把这种观念和认知转化为内在的情感，又在行动中努力贯彻，最终成为自觉的行为。当然，由于学生素质的差异，也不能否认学生基于服从和认同态度所产生自我管理行为的意义与作用。为此，必须一方面强化学校制度的制定、管理和学生群体文化环境的建设（即学生群体组织的自我管理），期望获得学生基于服从和认同态度而产生自我管理行为；另一方面积极引导学生们用学校的规范来约束自己，主动汲取集体的价值观念，控制和调整自己的行为，也就是必须大力培养学生具有与社会发展要求相一致的高级情感，逐步形成最有利于自我管理的内化态度。

大学生实施自我管理符合中国高等教育强化素质教育的改革方向。德国教育之父洪堡认为："教育必须培养人的自我决定能力，而不是要培养人去适应传统的世界，不是首先要去传授知识和技能，而是要去唤醒学生的力量，培养他们自我学习的主动性、抽象的归纳力和理解力，以便能使他们在目前无法预料的种种未来局势中自我作出有意义的选择。"所以，目前，中国高等教育改革的方向就是强化素质教育。其中，主要内容之一就是培养大学生"自主学习、自我教育和自求发展"的能力。但是，这些能力的发展是以大学生自我管理能力的发展为基础和前提的。或者说无论是自主学习、自我教育还是自我发展目标的实现，都必须以自我计划、自我组织和自我控制为基本途径。

（三）大学生实施自我管理是知识经济的呼唤

大学生实施自我管理不仅具有重要的现实意义，而且具有深刻的长远意义。21世纪将是知识经济的时代，知识经济呼唤自我管理，这是由知识经济社会的特征所决定的。

知识经济社会的最根本特征就是知识成为社会生产力运动中起决定作用的力量。从质的规定性看，社会生产力将从物质生产力提升到知识生产力；从量的规定性看，社会生产力的生产资料将从有限的物质资料提升到无限的知识资源；从生产力的结构看，劳动资料、劳动对象与劳动者将从三者分立提升到三者相互融合甚至融为一体。知识经济时代生产手段（人的知识、智能）与劳动力实现了一体化，必然导致生产（工作）及其组织方式的变革，使生产（工作）及其组织趋向分散化，尤其是信息网络技术的发展为这种生产及其方式的实施提供了可能。个人可以在家里从事和完成本来必须到企业或工厂、车间、办公室才能从事与完成的工作。人们将从互联网上获取劳动对象——知识和信息，并利用劳动工具——个人的智慧和创造性思维去创造新知识。在知识经济社会，生产（工作）分散化的组织方式对人们的自我管理能力提出了更高要求。对未来知识经济社会的主力军——大学生加强自我管理能力的训练就显得更加重要了。

知识经济社会的另一个重要特征就是科学技术的飞速发展。科技的快速发展必然导致新兴产业的大量兴起，这将为人们提供更加广阔的就业环境和施展才能的空间，但同时意味着传统产业将衰退而需改造，有一批旧职业将淘汰。"一张文凭，一项职业技能，终身享用"的现象在知识经济社会里将不复存在。美国教育总署认为，对20世纪90年代的学生来讲，他们中50%的人将从事今天尚不存在的职业。因此，由于科技的迅速发展，知识经济社会对终身教育以及实现终身教育的能力提出了更紧迫的要求。

联合国教科文组织出版的教育丛书《教育——财富蕴藏其中》指出："下一个世纪将为信息的流通和储存以及为传播提供前所未有的手段，……每个人在人生之初积累的知识，尔后就可以无限期地加以利用，这实际上已经不够了。他必须有能力在自己的一生中抓住和利用各种机会，去更新、深化和进一步充实最初获得的知识，使自己适应不断变革的世界，为了与其整个使命相适应，教育应围绕四种基本学习加以安排，可以说，这四种学习将是每个人一生的知识支柱：学会认知，即获取理解的手段；学会做事，以便能够对自己所处的环境产生影响；学会共同生活，以便与他人一道参与人的所有活动，并在这些活动中进行合作；最后是学会生存，这是前三种学习成果的主要表现形式。""如果最初的教育提供了有助于终身继续在工作之中和工作之外学习的动力和基础，那么就可以认为这种教育是成功的。"但是，无论是终身教育，还是上述所说的四种学习能力的获得，都是以学会自我管理为前提的。大学教育应该为学生接受新教育打好基础，不仅要打好智育的基础，更重要的是要打好德育的基础，其中最核心的是要打好自我管理的基础。

第二节　高校学生自我管理的内容与方法

一、自我管理的基本方法

尽管自我管理与其他管理活动的实施对象与管理方式有所区别，但这并不意味着管理的一般知识和方法不能应用于大学生的自我管理活动。其实自我管理与其他管理活动一样，都必须遵循管理的基本原理和方法。当然，自我管理与应用的管理知识和方法相比会有一些特殊及不同之处。实践证明，从理论上掌握管理的基本原理以及基本方法是管理者成功的先决条件，作为自我管理者也不例外。因而大学生要有效地实施自我管理，必须掌握科学的管理知识和方法。

（一）系统科学的方法

全球经济的一体化，知识生产、分配和应用的全球化，劳动空间的立体化越来越要求人们把研究对象视为一个整体，把事物的普遍联系和永恒运动看作一个总体过程，全面地把握和控制对象，综合地探索系统中要素与要素、要素与系统、系统与环境、系统与系统之间的相互作用和变化规律，把握对象的内部环境与外部环境的关系，以便有效地认识和改造对象。这就是在20世纪40年代以后逐步形成和完善起来的主要由系统论、信息论和控制论构成的系统理论。自我管理的系统科学方法是从系统的思想出发，对个人的成长和发展进行系统分析和处理，是系统理论在自我管理上的运用。

这一方法把人的成长作为一项系统工程去研究、开发、设计和管理、力求使自身的成长过程科学、合理和高效率。事实证明，一个人的成长和发展过程，是一项十分复杂的系统工作。它比自然界和社会上的其他任何一项工程都更加宏伟和艰巨，需要人们终生为之奋斗。在人的一生中，丝毫来不得半点盲目和随意，稍不注意就会出问题，影响人生价值的实现。人生过程是一项系统工程，需要人们用科学的态度对待，这一点已为越来越多的人所认识。

人生既然是每个人面对的一项实实在在的系统工程，人们就应该坚持用系统科学的分析方法来处理个人的成长和发展问题，就应该充分运用逻辑思维推理和分析计算的方法，在确定或不确定的条件下，寻找出发展自己的最优方案。在人生的道路上，许多人都有这样的感觉，就是遇到问题时不知如何处理，自己只会心神不安、忧虑重重，以至于作出许多错误决定，严重影响了自己的成长和发展。掌握了系统分析的方法，善于运用思维科学，经过严密的逻辑推理和数学分析，遇到问题就可以寻找出最佳方案，防止作出错误选择。当然，对自我管理的有关问题进行准确的定量分析是很困难的事情。但是有分析意识，哪怕是模糊的分析都是十分有益的。人们对待人生成长过程和发展也应该做到心中有数。有数则头脑清醒，不走或少走弯路。系统科学方法要求人们在选出最优方案后，还必须坚持实行系统管理，即在方案实施过程中，采取一整套科学的措施和办法，以保证系统工程思想和系统分析方法的实现。没有系统管理，人一切的美好设计都将成为泡影。作为大学生，对自己价值体系中的价值观、时间、心理、身体、行为、信息和校内社会工作角色等各要素要有清晰的认识并进行系统管理，才能达到德、智、体、美、劳的全面发展以及满足现代社会对高素质人才的需要。

（二）行为科学的方法

行为科学作为一门应用科学是在20世纪40年代末出现的。它是管理科学的重要组成部分。行为科学以人作为研究对象，探索人的行为规律，寻找调动积极性的方法，以实现预测和控制人的行为的目的。行为科学方法是国外兴起来的，是企业用来管理员工的重要方法，现在已开始向人的自我管理领域渗透。人的思想观念支配行为，正确的思想包括动机和需要，是一个人成长发展的重要动力源泉。行为是人的思想的外在表现。人的素质形象总是通过行为表现的，只有正确的行为才能产生更高的自我价值和形成更高的素质形象。人们要想成为自己命运的主人，在管理自己思想的同时，还必须注意管理好自己的行为。把行为科学用于自身的管理，其实质意义是把由别人或外界支配自己的行为，变为由自己支配自己的行为，通过自己的有效活动，实现自己美好的人生目标。从这一意义看，把行为科学应用于自我管理，是使人们真正成为自己命运主人的重要途径之一。

思想和行为之间的关系总是辩证的。思想决定行为，行为体现思想，又作用于思想，因为正确的行为不但可以使正确的思想得以实现，而且可以把某些不正确的思想消灭于萌芽状态，或修正某些不正确的思想，从而推动人们实现正确思想和正确行为的统一。长期坚持正确的行为必将引起思想观点的变化，形成新的观点思想。只有统一正确思想和正确行为，人们才能不断成长进步。通过学习和掌握行为科学，有助于人们深入认识什么样的思想动机、什么样的需要才是合理的，什么样的激励才是有效的，从而将自己的思想、言论和行为纳入正确轨道。

(三)目标管理的方法

现代管理高度重视目标，倚重目标管理，形成了一种管理方法，即目标管理（MBO）方法。所谓目标管理法，就是运用客观目标及对达标的考核替代管理的主观评价和严格的过程监督的一种管理方法。它作为一种现代管理方法，在世界各国企业被普遍应用。目标管理的基本程序首先是建立一整套科学、完整的目标体系，然后由员工自己确定实现目标的方法，并对实现目标的过程进行自我管理，最后根据目标要求进行考核和评价。目标管理可以成为大学生实施自我管理的一个有效方法。从本质而言，大学生的学习生活就是从目标开始的、大学生根据高等教育目标要求并通过对自己进行素质分析，确定自己的一系列改善目标，然后由此提出切实可行的实现目标的方案和具体措施并加以实施，最后将结果与改善目标的要求进行对照，看是否达到如期愿望，如果没有达到目标的要求，必须进行调整，直到成功为止。

(四)预测未来的方法

科学地预测未来是一切管理工作都必须遵循的一个重要原则。科学地预测未来，就是指事先对事物的发展趋势和发展状态作出有科学根据的判断。这种判断不是凭空想象的，也不是从天上掉下来的，而是用科学的方法研究并把握事物的发展规律，在正确地分析和估计了事物的发展趋势之后得出的结论。人和自然界的其他事物一样是有发展规律的。因而人对自己的发展是可预测的。实践表明，科学地预见未来，能够大大地提高人们自身发展的自觉性，减少盲目性，使人在人生道路上获得主动权。要想科学地预测自己的未来，首先应该有预测未来的意识。有了预测未来的意识，才能不断地实践预测自己的未来；其次必须认识到进行预测需要掌握科学预见的逻辑思维方法。如根据人生发展变化的规律来预测自己的成长和发展道路，并积极创造条件使其成为现实。目前，预测方法有很多，大的分类有直觉性预测法、探索性预测法；具体的方法有头脑风暴法、趋势外推法、类比法、远景树图法等。

二、自我管理的基本技能

早在20世纪初,科学管理之父泰勒就认为管理是一门科学同时又是一门艺术。因而要成为一名有效的自我管理者,不但要掌握自我管理的一般理论方法,还必须掌握自我管理的技能,主要包括自我计划、自我组织、自我控制等管理技能。

自我管理是一种自觉的社会行动。一个有效的自我管理者必须具备对这种行动进行周密规划与运筹的能力,即能够自我计划技能,同时为了使计划得以实现还必须具备对自身以及周边资源加以协调和充分利用的能力,即自我组织能力。另外,为了保证实际行动与计划要求相一致,必须具备随时对自己的观念、行为加以检查和调节的能力,即自我控制能力。对于这些技能在本书中都有进一步的讨论。

上述是指自我管理的一般技能,事实上,对大学生来说,还有一些重要的自我管理技能,即对自身的各种重要资源(价值观、时间、心理、身体、行为、信息以及角色等)进行自我管理的特殊技能,这些都是大学生成功学习和提高素质的重要技能,也是本书后面各章探讨的重点。

价值观可以说是大学生的首要资源。这不但因为价值观是大学生学习生活的主要驱动力,更在于它是大学生人生帆船的导航器。因而强化价值观的自我管理是大学生的重要任务之一。

时间就是生命,时间就是效率,时间就是金钱。对一般人来说如此,对大学生来说更是如此。在大学的三四年时间内能否获取更多知识,重要的制约因素之一就是其时间自我管理技能的强弱。

心理是大学生十分重要的资源。大学生自我管理的成败,很大程度上取决于能否有效地运用和管理心理。其技能构成包括认知技能、情绪技能、意志技能。身体是人的灵魂的载体。大学生加强身体各器官的保健,提高身体素质是发挥自我心智的基础。掌握一些重要的身体自我管理技能至关重要。

行为也是大学生的一种重要资源,对其加以有效控制和利用,是大学生健康成长的保证,否则一失足成千古恨。行为自我管理技能主要包括习惯行为、纪律行为、道德行为、法律行为等。

信息是一种无形资产,也是大学生立足于社会的重要资源。大学生在校重要任务之一就是获取、存储和加工信息知识。要使自己成为有价值的信息库，必须掌握信息与沟通的自我管理技能，内容包括阅读、倾听、演讲、辩论、考试等技能。

学生干部既是实施自我管理计划的具体组织者和骨干，又是学生在校期间对未来社会角色的一种演练。相对其他学生来说，学生干部还是一种特殊的角色。如何正确认识和掌握好这一角色的定位与功能，不仅对担任学生干部者本人，也对其他学生的成长与素质养成有重要的意义，对鼓舞学生干部本人和其他学生积极参与社会工作，主动承担学生干部的职责，自觉地锻炼自己，加速成才、实现大学生的人生目标，将有积极作用。

另外，学生自我管理的有效性不但取决于学生干部的思想政治素质、工作作风和工作态度，而且与学生干部的管理水平和管理能力密切相关。在以往传统管理模式下，学生的自我管理工作大部分被辅导员以及学校行政工作者所代替，常常没有被摆到应有的位置，因而对如何提高学生干部的管理能力缺乏紧迫感。实施自我管理，突显学生干部的重要性，对学生干部的管理能力的要求也就更高了。因此，为了适应新管理体制的要求，必须强化学生干部自我管理技能的学习和实践训练，他们除了应具有对自身各种资源进行管理的技能外，还必须掌握对"学生干部"这一角色资源进行有效开发的技能和完成"学生干部"的职能所应具有的技能。这里包括计划、组织和控制技能，作为学生干部，其应具备的个人特殊技能还有自信技能、沟通技能和创造力开发技能。

第三节　发挥社团在自我管理的引领作用

对于学校管理和学习活动发展来讲，学生的社团活动是关系学校文化建设水平和文化实力以及组织管理能力的重要指标。对于学生自身来讲，良好的社团活动是促进学生全面发展，同时也是不可忽视个性发展的重要助手。学校通过开展多种多样的社团活动，能够促进学生在自己感兴趣的领域，不断发展自身的实践能力和学习能力，了解更加广泛的知识，锻炼与别人进行交际和交往的能力。因此针对高等院校学生社团的管理工作作出一定的规划显得尤为重要。只有通过严格高效且操作性强的社团管理方案，才能够在学生层面和学校层面双向促进。

随着时代的进步和经济的发展，高等教育工作得到了良好发展。在此基础上，国家不仅重视学生的知识与能力水平，更加重视学生的实际应用和实践能力，因此需要进一步完善高等院校学生社团工作。社团是除了日常课程之外能够帮助学生参与团体活动的良好方式。传统教育过程往往容易忽略社团的重要性，不重视学生人际交往、语言表达以及实践能力的培养。随着经济的发展和教育的进步，需要贯彻落实高等院校学生社团的新式管理方式。根据新时期党团共建工作指示，社团活动是发展党建工作的重要环节。充分发挥社团育人功能，提升校园文化建设水平，努力将社团打造成思想政治教育工作除第一课堂外的最大的教育实践平台，切实助力高校整体掌握意识形态工作主动权、推进"三全育人"综合试点工作、创建一流思政育人工作取得进一步成效。

一、高等院校开展社团活动管理的重要性

高等院校要完善社团管理，从管理层面将社团进一步发展成熟，从而为学生提供更加便捷自由的实践环境。首先，通过合理的社团管理，能够将学校的文化水平进一步提高，将使学校的设施更加完善，从而为学生提供更加良好的学习环境和更加便捷的生活环境。其次，合理的社团管理就是能够更加贴近学生的个性化，符合大部分学生的兴趣，同时也不忽视小众兴趣，社团管理需要兼顾学生的个性和共性。最后，良好的社团管理，是学校教育环节必不可少的一部分，也是符合当今时代发展和国家制定的方针政策，落实这些重要的方针政策需要学校、教师和学生共同努力。

合理的社团管理是促进社团发挥作用的重要环节，社团活动可以带动学生积极思考和实践，将所学充分运用于实践。学生社团要充分结合学校的特色、学生的特点以及教师的专业性，在活动过程中要充分发动学生的主动性。社团活动不仅要给大学生一个锻炼的机会，而且要走向社会，让社会通过社团活动了解大学生，建立沟通联络的渠道，为高校学习、生活和工作服务，还要让学校与学校建立联系、学生团体与学生团体建立联系，使各方面充分发挥自身优势，共同补齐短板，共同进步。社团活动要有正确的思想指导，在专业教师的带领之下能够以马列主义思想及其中国化的理论成果为指导，遵循习近平新时代中国特色社会主义思想指导，为成为社会主义国家未来全

面发展的社会性人才做准备。社团是服务于学生的、来源于学生的，因此社团要以学生为中心，专注于关注部门的工作效率和工作形式，将社团的工作内容和学生的日常生活紧密结合。此外，学校还需要对社团的日常化工作管理进行一定指导，帮助社团建设成服务于学生、促进学生发展的有力引擎。

二、完善学生社团信息管理机制

想要进行合理有效的高等院校社团管理工作，首要的一点就是做好学生档案信息的合理化管理。在以往的传统社团工作当中，社团管理针对学生个人信息的方面不够完善，管理过程冗杂没有章法，因此造成了很多麻烦。当今时代，为了响应国家的号召，学校要对学生的个人信息做到有效采集和合理化管理。不仅仅要了解学生的基本个人信息，更要了解学生的兴趣方向和能力方向，社团要根据自身特点制定不同的学生个人信息采集机制，从而全方位、多角度了解每一位学生，并开展适合学生发展、能够促进学生个人能力进步的社团活动。注意过程性材料的搜集和整理，指导教师要把功夫用在平时，不能为了利益突击准备资料。

社团是集体组织，要想把一个社团组织和管理好，在日常开展的活动中要加强锻炼和学习，提高影响力与自身素质，主动作为，注意发现，着重发展和培养积极分子和社团骨干，搞好跟其他大多数人的关系。制定社团框架，明确分工。多组织社团成员间的交流，以增加成员间的熟悉度和感情。校内校外活动中合理分配各项任务和指标，坚持以精神奖励为主、辅助物质奖励，满足不同层次学生的内在精神需求，让学生体会到自己发挥了价值，得到了重视。

三、拓展学生协同管理

在社团的管理工作方面，最重要的一点就是能够结合社团协同管理办法。协同管理指的是教师能够凝聚社团的所有力量，使每一位学生参与到集体管理和建设中。在当今时代，人际交往和合作能力是十分重要的，而协同管理是从管理层面帮助学生培养其实践能力。在社团的日常管理工作当中，教师要能够选择值得信任的、有能力的学生共同工作和管理，共同服务社团的成员，同时能够培养一批更具有实践能力、管理能力的人才。管理过程中要充分发展学生和社团之间的共性与特性。协同管理是当今时代学生工作的重要形式，教师在此过程中能够充分发挥学生的主观能动性和动手动脑能力，同时有利于促进学生的全面发展。凝聚力量、发展能力、提高建设、促进发展，社团活动要加强引导学生充分发挥自身的能力特点。

只有加强学生之间、学生和教师之间的管理工作，才能够促进学生在社团中形成主人翁意识，在这个社团的大家庭中积极贡献个人力量，将自身的管理和社团的管理紧密结合在一起。高等院校学生社团管理工作采用协同管理模式是当今时代的进步，是使管理工作和社会实践相结合的过程。协同管理要做到：首先是战略协同。社团内的成员需要形成一个完整的团体意识和集体意识，集体成员能够按照共同的战略方向和战略方针，共同努力。其次是做到组织协同。组织是一个团体凝聚力和工作能力的集中体现，组织开展工作要符合学生发展的特点，有效的组织工作才能推动学生向着共同的明确的目标大步迈进，因此，组织建设是建设环节的重中之重。再次是做到机制协同。在社团的运行过程中，要有统一的可行的运行机制和方式，由此促进社团的进一步目标明确化发展。

四、规范社团规章制度

社团是一个集体，有集体的地方就需要有规章制度进行进一步约束，因此要完善社团的规章制度，规章制度的建立要广泛结合学生的特点和社团的特点，充分发挥学生的自主性，引导社团的学生群策群力，共同制定更好的规章制度，从而使社团的团体更加完整持久。完善组织机构，实际是在核心凝聚力给予社团活动更好的保障。除此之外，社团活动也可以进行适当的考核和评定工作，根据学生的日常表现和各个方面的优势进行评价。除了社团的日常化管理之外，每个社团都应制定符合自身特点的规章制度，同时社团要有总体的规章制度，这样才能够全面对社团工作进行有效管理和整合。俗话说："没有规矩，不成方圆。"只有建立完善的工作机制和规章制度，才能在社团形成一股良好的风气，从而带动全体同学和教师进行工作与生活学习。学校要制订总体环境下的社团管理和发展计划，统筹兼顾、顾全大局，帮助全体社团建立共同遵守的规范。同时，学校能够根据总体的规章制度指导各个社团的日常工作和活动，社团开展广泛的活动过程中不能违反学校的规章制度。总体的规章制度具有深刻的意义，只有统筹全局的系统性规章制度起作用，才能够完成整个团体的合理化管理，才能使社团活动更加具有保障性和完善性。

完整的规章制度不能忽略对社团内部的领导、教师以及学生的考核管理，完整的人员考核能够为社团提供更加明确的方向，为社团的发展建设指明更好的方向。同时，只有良好的人事考核制度，才能够充分调动社团的已有资源，发挥每个人的长处，寻找合适的职位。人员考核的过程中要秉承公平、公正、公开的原则，在社团内部逐层逐级发挥学生和教师的主动性，选出适合的成员担任适合的职务，以此来带动整个社团内部的工作，从而使社团工作更加高效，更好地发挥每个人在集体中的凝聚力。通过公平公正的社团考核制度能够调动全体社团成员的积极性，带动社团成员参与活动的积极性，促进社团工作的开展。

五、教师专业指导社团管理工作

教师的专业指导在社团日常管理工作中往往容易被忽略的，实际上，除了日常的管理工作之外，具有专业性和符合社团特点的教师能够更加促进社团管理工作的开展。专业教师能够在学习和管理工作中，对学生进行具有专业性的指导，其开展的活动和研究的课题更加贴近学生的身心发展与日常实践活动，更有利于将学生培养成全面发展的人才。专业的师资队伍要在固定的活动场所和校外拓展空间对学生展开培养。首先学校内部需要提供必要的物质条件保障，社团活动工作要有一定的学校制度保障，充分将学生的表现和教师的表现纳入学校课程体系与教师绩效考核。社团活动要有创意，这样才能吸引学生积极参与。社团活动要有必要的投资，比如场地、器材购置、学习用品等，一定要取得家长理解和学校支持，这样才能保证社团正常运行。教师要具备一定的专业素养和协调能力，这样才能使学生在社团活动中受益。

综上所述，社团活动在高等院校中的地位举足轻重，一所优秀的学校的社团活动必定是能够落实并得到良好管理的。当今时代发展高等院校学生社团的协同管理是十分必要的，使学校和学生联手、学生之间互相配合、学生和教师密切关联，能够将文化活动自上而下得到贯彻，从而保证社团活动的有效和社团管理的优质。优质的社团管理能够帮助学生发展个人实践能力，同时有助于学生积极进行社交和语言表达方面的练习。高校社团应专注于解决活动中出现的各种问题，不断更新自身的组织机构和管理模式，以此进一步提高其自我更新与发展的能力，从而促进高等院校学生专业社团持续健康高效发展。

第七章 高校学生管理模式的多元化理论与实践

第一节 人格管理，促进个性发展

综合各国对于新时期人才的要求，可以发现，现代的人才需要更多的能力和素质，肩负了更多的使命。例如，要具有良好的社会责任感，要树立明确可行的生活目标，要具有学习能力和创新能力，能不断适应时代需求等。上述一系列能力的培养需要一种注重学生内涵培养的现代管理模式。人格化管理模式注重培养巩固学生内涵，革除其不好的甚至是低劣的品质，开创新的精神。人格化管理对于学生的成长、大学文化的繁荣都有重要意义。

一、人格化管理模式的内涵

所谓人格化管理是指在管理过程中充分关注人性要素，以充分挖掘人的潜能为己任的管理模式。

人格化管理是一种"以人为本"的管理方法，其从管理的指导思想到具体的管理原则和方法，都是从人出发、以人为核心。它的实质在于充分尊重和理解被管理者的个性，充分调动他们的主动性、积极性和创造性，并使其更好地投入工作，更有效地实现组织目的。其具体内容可以包含很多方面，如对人的尊重、充分的激励、给人提供各种成长与发展的机会。

同一所大学的学生往往有着一定的共性。例如，清华大学的学生务实严谨，北京大学的学生浪漫民主。很多学生因其所在大学的底蕴等方面的不同，形成了不同的"学校人格化"。同一个班级的学生也会有一定的共性，呈现各个班级不同的风貌，形成不同的"班级人格化"。这种状况也会出现在大学公寓，形成"公寓人格化"。大学校园还存在很多其他方面的人格化，这些"人格"都是从心理学角度定义的，指的是这一类人的内涵。这一系列人格化与学生能否顺利步入社会，积极参与竞争，收获事业、生活的成功有很大关系。

二、学校人格化管理的实施内容

学校人格化管理工作要从三个方面实施：强化规章制度的管理；确保良好的学习环境和学习氛围；形成良好的精神风貌。

学校人格化管理属于学生管理的高级层面，其掌握着整体的态势，具有统筹、规划、指导的宏观作用。这类管理要从领导层面出发，在学校的基础设施、师资力量、学术建设等方面投入更多的人力、物力、财力，制订相关的工作计划，树立长远目标。要务实求真，不可急功近利，只图表面功夫。

三、班级和公寓人格化管理的实施

班级、公寓作为学校管理的基层单位，具有非常重要的基础作用。基层人格化的实现要从三个方面努力：

(一)个别学生发挥人格力量

在一个班级中，总会有突出领导能力的学生，这些学生的人格力量影响着班级人格化。个别学生人格力量的发挥会引导、带动其他学生，对班级人格化起到调动作用。但个别学生的人格力量又有积极、消极之分，积极的人格力量会对班级和其他学生起积极作用；反之，会带来消极的影响。因此，学生人格力量的发挥需要辅导员的有效管控，辅导员要把握尺度，引导、鼓励积极人格力量的传播，化解消极人格带来的不良影响。

(二)教育工作者发挥人格魅力

对于学生尤其是新生而言，教师、辅导员等教育工作者代表了权威，在他们心中居于特殊的地位。学生对他们崇拜的教师、辅导员会特别尊敬并存在模仿的现象。辅导员是班级人格化管理的组织者、策划者、调控者和实施者，教师是管理最主要的辅助者，这二者在班级人格化管理中发挥着重要作用。因此，辅导员要有良好的工作态度、生活态度和办事作风，以便更好地感染学生；教师要有严谨的治学态度，以帮助学生树立良好的学习态度和工作态度。教师和辅导员要给学生树立榜样、促使班级人格化向良好的方向发展。

(三)公寓人格化管理注重细节

辅导员要选那些热心、负责任、宽容大度、积极为同学办事的学生担任寝室长，使其用自己的能力管理寝室，用行动感染寝室的其他学生，还要建立良好的寝室环境，形成和谐的舍友关系，创建多彩的公寓文化等。公寓人格化的形成可为学生其他方面的人格化奠定基础，并为学生的生活创造良好环境。

第二节　社区管理，搭建生态平台

随着高校社会化改革的不断深入，对高校学生社区化管理的重视也应加强。学生社区应该成为培养德、智、体、美、劳全面发展的"四有"人才及管理育人、服务育人的重要阵地，应该是影响学生成长成才的重要环境和学校精神文明建设的窗口。因此，高校学生社区化管理应该成为高校改革的重点。有些传统的管理模式已不能适应高校的发展，实施学生社区化管理势在必行。从高校社区化管理的发展方向来看，不断完善学生社区的教育管理机制，积极探索学生社区管理的新思路、新办法，建立新型学生社区化管理模式是今后发展的方向。

一、高校学生社区化管理产生的背景及科学内涵

(一)高校学生社区化管理产生的背景

1.适应学生群体特征

加强和深化高校思想政治工作，需要一种更切合实际、具有实效的教育管理新模式。高校学生思想政治工作者必须根据时代发展，及时调整工作思路，针对学生管理方面可能出现的问题采取应对之策。面对高等教育的日趋现代化和国际化，特别是教育教学改革的不断深化和高校改革向纵深发展的新形势，高校学生社区化管理如何坚持社会主义办学方向，如何坚持姓"教"的宗旨不动摇，是一个值得认真研究和探索的重大实践课题。很多高校在开展党建与思想政治工作以及日常教育管理工作方面，与时俱进，不断创新，探索了一条符合形势发展要求和高校实际的学生教育管理新路子，即

高校学生社区化管理。高校学生社区化管理是加强和深化新时期高校学生思想政治工作的需要。

2.教育管理的新模式

为了克服高校持续扩招带来的后勤设施不足的困难，中国高校参考国外发达国家高校后勤社会化的管理体制，或引进社会资金，或集资联建，或贷款与集资相结合，大力兴建学生公寓，并推行后勤社会化管理，较稳定、快速地解决了学生学习、生活、文化活动设施存在的经费短缺的问题。但后勤社会化也带来了高校管理的"二元化"问题，即对学生的学习实行的是与西方高校不同的传统教学行政管理，而对学生的生活却推行了类似西方大学的社会化管理，教学计划行政管理与社会化管理事实上存在着"两个体系"。高校学生工作面临的挑战是怎样将"行政管理"与"社会化管理"两个体系合二为一、从而达到对学生人格教育的统一。在这种新情况下，高校实行社区化管理势在必行。

3.改革传统管理模式

面对高等教育的改革和发展的现实情况，尤其是高校学分制改革的逐步深化，传统的班级概念趋于淡化，以班级为思想政治教育的基本组织形式和主要工作渠道的情况正在改变，社区日益成为学生学习、生活的重要场所。同时，随着高校后勤服务社会化步伐的加快，学生社区的环境氛围、文化设施和管理服务，以及社区管理模式，都对传统的高校学生工作提出了新挑战。因此，高校社区化管理被提上议事日程。高校学生社区化管理是适应高等教育改革与发展的时代要求的。

(二)高校学生社区的科学内涵

随着中国高校改革的进一步深入，以寝室为单位的学生社区的地位日益突出。学生社区是大学生在校学习、生活、休息的基本活动场所。社会学研究表明，社区是一种地域上的存在，同时它的实质是人的聚居与互动。就第一层意思而言，社区的特点是居民的共同居住；第二层意思表明社区具有文化功能。学生社区也是一个社区，就一所高校而言，学生社区指这所高校的所有寝室和周边环境（学生公寓）以及这种环境所能达到的最大的育人功能。

学生社区是社区概念在学校管理中的反映。与社区概念相对应，学生社区这一概念也包含两个内容：一个是指区域环境，另一个是指文化功能。一方面，就区域环境而言，学生社区是校园的区域组成之一，是校园内的地理分区，是学生的居住区。另一方面，学生社区也是学校的一个重要管理区。从社会组成结构来讲，它是组成学校管理的结构之一，学校与社区存在某种程度上的隶属关系。不过，在完全学分制实施的背景下，学生群体间专业、班级甚至年级的界限日益模糊、作为学生的居住区，学生社区的地位也应随之上升，以满足学生以居民身份与学校以及相关社会机构进行实质性对话的要求。文化功能更多地表现为社区人文环境与居民生活的相生相融，成为社区居民接受文化教育的主要阵地。学生社区在文化功能上还要承担更多的责任，要确保"文化为了教育，教育为了学生"，具有更加鲜明的教育目标和内容指向。

（三）国内高校学生社区的分类

从 1999 年高校的扩招，到 2001 年在全国各地迅猛发展的大学城，学生社区在中国已普遍存在。从现存的全国各地学生社区的现状来看，学生社区的管理模式主要有三类：

1.跨省（区市）的大学城社区

这类学生社区的特点是规模大，入区的学校多。从入区大学所在的省（区市）来划分，既包括大学城所在地的大学，也包括外省（区市）的大学；从入区大学的性质来划分，既包括理工大学，也包括综合性大学和专门大学；从入区的学校层次来划分，既包括研究型的本科大学，也包括专科学校和职业技术学院。这类大学城社区的管理体系有待加强。

2.同省（区市）的大学城社区

这类大学城社区的特点是规模较大，入区的高校多的有数十所，少的也有几所到十几所，入区的大学属于本省（区市）的大学。例如，杭州的下沙大学城内有浙江财经大学、浙江工商大学、杭州师范大学、中国计量大学、浙江水利水电学院、杭州电子科技大学、浙江理工大学、浙江传媒学院、杭州职业技术学院等 15 所高校。上海市的松江大学城内有上海视觉艺术学院、东华大学、上海外国语大学、上海工程技术大学、上海对外经贸大学、华东政法大学以及上海立信会计金融学院 7 所高校。广州市的广州大学城内有中山大学、华南理工大学、华南师范大学、广东工业大学、广州美术学院、星海音乐学院、广州大学、广州外语外贸大学、广州中医药大学以及广东药科大学等10余所高校。南京市的仙林大学城内有南京大学、南京师范大学、南京中医药大学、南京财经大学、南京邮电大学以及南京森林警察学院等10余所学校。武汉市的黄家湖大学城也是一个规划占地约50平方千米、规模达到20万学生的大学城。

3.学生公寓式社区

由一所具有一定规模的大学构建的学生社区的特点是，在原学生公寓区基础上，进行管理模式的改革，即对原有计划经济条件下的学生公寓式管理模式实行社会化改革，实现社区式管理；随着学校规模的扩大，对新建的学生公寓实行社区化管理。这类由单所学校构成的公寓式学生社区在全国也有不少。以浙江省为例，绍兴文理学院、湖州师范学院、湖州职业技术学院等拥有学生公寓式社区。

二、高校学生社区化管理的现状

（一）高校学生社区化管理面临的机遇和挑战

全面实施学生社区化管理已经迈出了中国高校学生思想政治工作具有代表意义的一步。在国内，各高校先后进行了各种形式的理论研讨和实践探索，解决了部分理论和操作问题。但是，全国高校地域分布广、办学特色不一、教育环境和教育条件参差不齐等因素决定了任何一种管理模式的完善都要经历一定的过程。社区化管理在实践探索过程中仍存在许多挑战。具体表现在四个方面：

一是内部机构关系和运作方式尚欠科学完善。构建并处理好教育、教学、招生就业三大平台之间的关系，需要进一步处理好教学管理与教育管理、社会化服务管理与教育教学管理之间的关系，科学分析和分配学生教育管理平台内部机构间的权重等。

二是对实施学生社区化管理后续问题的重视程度和研究不够，前瞻性理论探索较少。例如，随着改革的进一步深化，政治、经济、社会、文化、教育等诸多方面将会出现许多新的变化，学生社区化管理如何适应这些变化还缺乏研究。

三是亟须提升学生社区的价值，使学生社区在学校机构设置、运行体制、社会效益、育人过程中体现更大的效度和影响力。

四是跨省（区市）大学城和同省（区市）多所大学集聚的大学城，存在着学生社区管理不统一的问题，可能导致一些不稳定因素从管理的薄弱环节滋生，影响全局稳定。

(二)高校学生社区化管理实践

高校学生社区化管理主要是对学生提供管理服务和进行教育引导，是一种微观层面的内部管理，当然也包括人力资源、财务、物资和信息的管理。

管理对象主要是高校学生。学生既是受教育者，又是居民和消费者，具有社会人的某种特征，但又与社会人有着明显差异。他们是一群身心发展水平相近的青年，具有强烈的互动性和有别于其他社会群体的生活方式；他们有相对一致的作息时间，他们的行为活动基本同步，上课、社会实践、业余生活等基本是集体活动，具有一定的目的性、组织性、程序性。他们虽然院系和专业存在不同，个性也存在一定差异，但是总体上都是基于学校统一规章制度的要求，整体活动都是有一定的规律性和可控性的。因此，学生社区化管理也是基于此进行的，自然也就有规律可循。

在管理主体和内容上，学生社区化管理的内容主要有学生管理、后勤服务管理和学生自治管理。实施这三项管理工作的主体主要是学校的相关部门。学生管理工作主要是由学校党建思政工作队伍负责，由其对学生进行思想政治教育，开展文体活动、读书学习、规范意识等管理和教育；后勤服务管理工作主要是由后勤一线管理服务人员负责，由其进行安全保卫、后勤服务、物业设施设备等管理；学生自治管理工作主要是学生组织和学生自身在学校相关部门的指导下，自发开展一系列的自我管理、自我服务和自我教育的自治工作和活动。

1.单一院校学生社区化管理模式

在这类学生社区化管理中，学生来源单一、规模相对较小，管理容易到位。因此，随着社区党总支、支部、学生党员接待室、社区团组织、社区学生会、心理咨询室等的构建，就形成了从学校党委行政到社区学生寝室的完整管理体系，使各类社区管理中容易发生的问题能得到及时、有效的解决。这类管理模式总的来说比较成功。

2.跨省(区市)与同省(区市)学生社区化管理模式

这类学生社区化管理的特点为社区规模大、学生人数多、基础设施可以得到有效利用，在生活管理上可以取得相应的效益。同时，由于学生人数多、涉及学校多，管理上容易出现漏洞。其原因主要是寝室管理不规范，或者教学设施使用混乱。事实上，一个大学城如加强管理，在学生寝室的管理上是完全可以统一规范的，教学设施也可以更好地得到利用。这里的管理漏洞往往多是由各个地区、各所学校对学生管理要求的不一致导致的。有的学校管得严，有的学校管得相对松，一严一松，就可能出现管理信息上的不完整，问题就可能从薄弱部分反映出来。

教育部颁布实施的《普通高等学校学生管理规定》第四十三条规定，任何组织和个人不得在学校进行宗教活动。如何严格认真执行这一规定则是一个管理工作者需要研究的问题。如果学生社区化管理不到位，这种非法开展的宗教活动就可以从管理薄弱的学生社区入手，待时机成熟之后，再扩大规模。如果那时再来制止，就会花上更大的力气。从管理学上说，制止的成本就会更大；从政治学上说，就会产生不良的政治影响。因此，应加强学生社区管理，避免由不同省（区市）、不同高校在学生管理制度上的非一致性而产生的问题。

三、高校学生社区化管理的对策和成效

(一)高校学生社区化管理的对策

1.完善运行体系,优化体制机制

机制是不可或缺的"软件"，建设学生社区需要完善三大机制，即学生社区的运行机制、学生社区的志愿者参与机制、学生社区的内部激励机制。

学生社区的运行机制是学生社区得以正常运转的前提。运用学生社区公共设施和相关权力，以满足服务需求为目标，不断提高服务质量，保持服务的功能成本，长期维持服务的再生产。这种周期性的进程状态是学生社区的运行机制。这一机制本身说明学生社区组织的非营利性，或者说非营利性是学生社区行为的特征之一，是学生社区自我服务、自我调节功能的体现。实现这一机制良性运转的关键是服务质量，服务质量同样也是确立学生社区形象的基础，是学生社区存在必要性的证明。

学生社区的志愿者参与机制解决的是培育学生社区人文生态环境的深层次社会文化问题。在西方发达国家，社区的志愿行为是社区存在的基石。在学生社区建立一支具备一定数量和质量的志愿者队伍不仅是一种管理现象，更是一种文化现象。事实上，志愿者本身是社区意识的内在有机组成部分，是社区成员积极参与社区事务的显性表现。在学生社区，志愿行为是建立一个"以人为本、文明互助、共同参与"的和谐学生社区的重要途径。

学生社区的内部激励机制是学生社区凝聚人心、发挥作用的保证。学生社区具有非营利性，其能否像企业一样产生关注效率，这是一个复杂的问题。

其一，非营利性组织的动力主要在于获得居民的满意和社会的认可，这是一种深层次的心理需求。市场经济促使人们为利而动，在这种情况下，为他人和社区努力工作的人尤其会得到他人与社会的尊重。

其二，个人运用社区职能通过解决社区矛盾进而解决个人问题，是弥补个体力量薄弱的有效途径。一个发育良好的学生社区环境通过事务公开化、透明化，将工作者的各种努力、困难、成绩和失误显现出来，让工作者靠来自外部的反应去推动自己努力改进工作，从他人眼中看到自己的状态，从而调整自己的行为，进而完善自我。

2.借鉴国内外经验,强化实践创新

传统的学生工作观念一直轻视寝室的育人功能，将寝室当作完全的物化性存在，因而在实际工作中只重视学生对生活环境的维护与保持，没有自觉地发挥学生寝室作为学校育人工作环境之一的应有作用。同时，由于管理者的工作视角单纯停留于单个寝室，而未能将以寝室为单位组成的学生社区纳入视野，也很少注意学生社区育人功能的发挥。如前文所说，学生社区不仅具有区域概念，同时也具有育人功能。然而对于这一功能的隐性特征，未能准确地把握，进而导致未能认真地思考学生社区的作用，自然也不会进一步去考虑如何建设好学生社区了。

在高校，学生的专业教育一般由各个院系来完成，学生的思想政治工作由学校和院系学生工作机构来完成，学生的物质生活需求由后勤部门来满足。而对学生进行未来生活训练，把他们培养成遵守社区规范、具备相应社区意识的文明公民的教育任务却没有一个成型的组织来承担，这无疑是高等教育的一个疏漏。从这个角度讲，建立学生社区、完善学生社区管理是完善高校育人职能、优化高校育人环境的必要举措，是当前高校学生工作迫切需要解决的问题之一。只有意识到这一点，自觉地将学生社区建设纳入学生管理工作，并给予其应有的地位，学生社区培养社区现代公民的育人功能才有实现的可能。要加强理论建设和创新一定要贯彻开放办教育的理念，不断增强学习意识与开放观念。高校学生社区化管理需要具有改革者的开放观念和博大胸怀，通过不断比较发现差距，促使在社区化管理的过程中自觉主动地探索理论，积极准备改革所需的条件，提倡各高校之间的交流与合作、互促互进，在实践中不断积累宝贵经验，夯实理论基础，加强实践创新，为高校学生社区化管理向纵深发展而共同努力。

3.调整和平衡"管"与"教"的关系

学生社区建设是一项系统工程，对原有学生社区管理结构进行调整时，必须科学处理教育和管理的权责关系。首先，必须结合高校实际对原有学生工作进行结构性调整，并建立健全相应的规章制度；其次，管理载体、教育平台、育人方式等问题头绪纷繁芜杂，加之无成型的经验可借鉴，要全方位解决问题的难度还较大。但以结构调整为切入点，是一个比较可行的思路。具体实施过程需要处理好三个关系：

（1）处理好校学工部门、团委与学生社区管理委员会的关系

学生社区管理委员会（以下简称"学生社区管委会"）是校学工部的职能部门之一、是学生社区管理中最具有实权的管理层次，尤其在实现学生社区的维权功能方面，其作用更加明显。学生社区主要通过学生社区管委会实现与相关部门的平等对话，解决实际问题。团委介入生活区管理，主要体现在对生活区成员的思想教育与严格管理方面。各学院的学生工作办公室的主要负责人一般也是学院的团总支书记，因而共青团这条线的介入有利于加速形成一支由各院（系）团总支专职干部、辅导学生组成的负责公寓思想教育、纪律管理、寝室内务管理的队伍，有利于各项活动的协调，保证公寓后勤管理的顺利开展。同时，团委是学生思想政治工作与校园文化工作的主角之一、团组织直接指导各级学生会组织，有利于将寝室文化活动纳入整个校园文化建设去综合考虑，从而引导寝室文化向高层次发展。

（2）制定制度和机构设置要同步

为了确保学生社区工作的顺利开展，应制定诸如《学生社区居民公约》《学生寝室管理条例》《学生社区安全保卫制度》《干部教师联系学生社区制度》等。但从目前来看，能否保障学生社区管委会具有相应的生活区管理权利，能否保障学生作为生活区居民与学校、后勤等部门具有平等对话的权利，以及能否保障学生通过民主渠道参与生活区乃至学校相关事务，是影响学生社区生命力的决定性因素。

（3）根据学生社区职能，设立相应的管理机构

学生社区管理支委设学生社区区长一名、副区长一名、志愿者队长一名，也可根据实际情况适当增加管理人员的数量，从而形成以学生社区区长、志愿者队长、楼长、寝室长为主的学生社区管理基层机构。校院级学生社区管理机构可在原有学生寝室管理机构（如寝管会）的基础上合理增加或加强学生社区的相应职能（如学生权利维护等）。这种管理方式并未对原有的学生管理结构做大幅度的调整，从而使其更具有现实的可行性。

（二）高校学生社区化管理取得的成效

实践表明，实施学生社区化管理不但可以较好地应对高校后勤社会化改革与教育教学改革给高校学生教育管理带来的新机遇、新挑战、新任务和新问题，而且使学生党建与思想政治工作的着力点更明确、体系更完善、育人机制更健全，对学生的教育管理成效也更明显。其主要作用表现在三点：

1.有利于优化服务和育人环境

在以社区党总支为核心的管理体系中，综合利用好各种服务机构，加强统一指导，能为学生的成才提供一个更加完整、科学、有序的体系和空间，使社区的管理和服务更加快捷、完备。社区化管理可以科学整合各种资源，增强教育管理合力，在社区管理体制下诞生各种健全、富有活力的社团组织，为社区创造丰富多彩的科技文化氛围，为学生素质的拓展提供更加立体的空间，对学生个体知识结构的完善、个性的培养和素质的拓展发挥积极作用。从管理和经营角度提出社区的统一管理思想教育理念，为学生的成才和教育机构的育人提供了更加优化的内外环境，能够有效保证高校连续扩招后教育管理质量和学生素质的稳步提高。

2.有利于优化管理和育人效果

社区化管理营造了以人文素质、健康成才教育等为主要内容的德育氛围。在这个氛围中，学生真正成为学校服务的对象和主体，所以学校自始至终坚持把学生的成才放在第一位。如果要在整个教育过程中真正地贯穿这一主旨，就必须为学生的成长与发展提供良好的物质条件，在此基础上创造良好的"求知、求真"的学术氛围，营造一种以人文素质、健康成才教育等为主要内容的道德文化育人氛围，给予学生一种积极的引导，使学生在良性的德育氛围的感染熏陶下主动去锻炼、提高自己，最终使学生具有良好的生存适应能力。

3.有利于促进交流和情感联系

学生与学校之间一旦出现法律纠纷，就可能成为整个社会关心的热点问题。专家指出，出现这类问题的一个很重要的原因是学生与学校之间缺乏必要的平等的交流与沟通，引发了学生、家长、社会与学校之间的诸多矛盾。而社区化管理改变了师生以前对社区化管理改革的消极认识及评价。思政人员和学生社区的党团组织机构与心理咨询机构通过开展工作，缩短了学生与组织间的空间距离和心理距离，进一步体现思想政治教育的亲和力与感染力，师生之间、学生与组织之间、学生与学校之间的关系也更加自然和谐。

四、高校学生社区化管理的发展方向

（一）转变工作思路，树立"以人为本"的理念

随着高校教育教学改革的深入，学生管理工作也应与时俱进、转变思路、树立"以人为本"的教育理念，做到教育和引导相结合、教育和管理相结合、管理和服务相结合。

一要树立服务意识。学生管理部门要放下架子，迈开腿，走近学生，了解学生，从学生的实际出发，关心学生，服务学生，要始终坚持"以人为本"的服务意识和理念。传统的学生管理对学生进行的是严格的规范约束，学生管理部门只扮演管理者的角色，学生只能处于从属或被动的支配地位。这种管理模式忽视了对学生的引导和教育，使学生管理工作"狭隘化"，不利于学生自主性、主动性的发挥。

二要维护学生权利。根据"依法治校"的要求，在校学生有维护自身权益的权利，当然也有应尽的义务。在推进管理的同时，要维护学生的合法权

益，在程序正当、依据明确、证据充足的前提下处理学生事件，也要保障学生享有陈述、申辩和申诉权。学校和学生都必须以法律或法规为准则，不能超越法律开展教育和学习活动。

三要强化学生自治。学生工作者在对学生进行教育管理的同时，应平等地对待学生，并且要处理好彼此之间的关系。学生管理工作，要由"学生工作处直接领导、以辅导员为中心"的学生管理方式，向"以学生工作处为指导，辅导员入驻学生公寓，拓展延伸到生活区，强调学生自治为主"的学生管理方式转变。学生管理工作要使学生认识到自己不仅是被管理者，还是管理者，从而有力地提高学生自我管理、自我服务、自我教育的积极性。

(二)结合高校发展,弘扬和培育大学精神

大学精神是高校发展的重要精神动力。大学精神的本质是创造精神、批判精神和社会关怀精神。弘扬和培育大学精神要求做到三点：一是要保证大学自身的根本生命力。大学作为人才培养的基地，创造性是其核心特质。在强化学生学习专业知识的同时，更要培养学生谨慎的思考态度、谦恭的行为、参与管理的能力，让学生在参与学校的管理和服务中，挖掘潜力、勇于创新、大胆尝试，全面提升综合素质。二是要拥有海纳百川的博大胸怀。高校的发展是在继承传统的基础上，接纳新思想、包容新观念、鼓励新思路的过程。学生也要在这种精神的引领下，融入母校的发展，通过建立各类学生自治组织，参与学校发展方针和战略的谋划和制定，积极从学校主人的角度提出自己的意见和建议。三是要参与和建设社会精神文明。在当今社会，关注现实、服务社会成为高校的第三职能。学生通过校园文化的教育、引导和熏陶，在慢慢接触社会的过程中，锻炼了自己的社会实践能力，提高了自己的社会认知度，增强了自己参与社会管理和服务的本领，逐步形成了对社会的关爱意识，具有了社会关怀精神。

(三)拓展工作重心,优化学生管理工作机制

美国学生工作体制实行的是条状扁平结构，有效地简化了管理层级，提高了管理效率，扩大了管理效益。当前，随着中国高校学分制的推广和后勤社会化的逐步深入，传统的班级、年级、院系和专业的概念逐渐淡化，很多高校开始尝试让不同专业和年级的学生混住在一起，宿舍已成为学生比较固定的学习和活动场所。从时间上说，学生待在宿舍里的时间一般要多于课堂

时间，宿舍的整体氛围对学生的世界观、人生观和价值观的形成影响非常大；从空间上说，宿舍不再仅仅是学生休息和生活的场所，还是他们学会做人、学会相处以及获取信息的地方。因此，学生宿舍实际上已经成为课堂的延续，应该适时将学生工作重心向学生社区拓展、延伸，实现教学性事务和非教学性事务的分离。高校思政工作者也要仔细研究学生社区管理和教育，发挥其育人功能，努力打造具有中国高校学生工作管理特色的学生社区。

(四)强化服务功能,满足学生成长发展需求

高校教育工作者要学会一分为二地来看学生工作中出现的各类问题，分析问题的根源，正确判断责任方，要做到具体问题具体分析、具体处理，避免盲目。要树立服务意识，增强服务观念，加强服务性管理、教育和引导，减少指令性管理。要牢牢把握学校的各项工作都是为学生服务的，都是为学生提供便利的条件以及满足其成长成才需求的。学校学生工作部门、教育教学部门以及后勤管理服务部门要从学生的实际出发，配备各类服务教育教学和学生全面发展的设施设备，制定相关保障措施，合理安排人员，切实做好后勤服务保障工作。

(五)完善管理制度,拓宽科学化的管理渠道

学校在推进学生社区工作的过程中，要充分听取学生的意见和建议，把尊重学生放在第一位。学校要在总结管理经验的基础上，建立一套规范化、制度化、科学化的管理制度。首先，管理制度在充分考虑权威性和连续性的同时，要做到赏罚分明，奖励好的、进步的行为、处罚违反规定的行为。其次，要注重制度的"柔性"作用，适当兼顾制度的引导性和弹性。针对不同岗位，编写具体的工作岗位操作规范手册，规定与岗位相符的知识、能力和技能要求。学生工作者上岗前要进行岗前培训，上岗后也要适时进行再教育和再培训。同时，要学会应用先进的科技和网络管理技术，推行网格化社区管理模式，提高学生社区管理工作的效率。

(六)确保管理成效,提高学生工作的专业化水平

为了有效提升高校学生管理工作水平，更好地服务于教育教学、服务于学生成长成才，学生工作的专业化研究势在必行。首先，要推进高校学科改革，通过设立专门的学生事务管理专业或研究方向，培养符合国内高校实际需要的学生管理人才，提高当前学生工作的理论水平、专业技能水平和专业

素质。其次，要成立全国范围的学生工作组织协会或研究型机构，为全国高校学生管理工作者搭建交流工作、学习借鉴和互助的平台。再次，要出台行业道德行为规范和工作指导手册、确保学生工作者有具体的从业基本标准、评价依据和职业操守。最后，要积极开展校本学生工作管理研究，从本校实际出发，摸索和研究具有本校特色的学生管理工作思路。

（七）转变工作方式,贴近学生实际开展工作

在衡量一所高校学生工作水平的高低时，是否针对每位学生的特点进行个性化指导和帮助是重要指标之一。不同的学生具有不同的个性特征，学生工作要贴近学生实际、有的放矢，否则成效甚微。以咨询服务工作为例，西方高校十分重视咨询服务工作，其通过专业化咨询和跟进指导，解决了大量学生在学习、生活、就业、心理等方面的难题。20世纪50年代初，日本高校就有了咨询服务机构；美国高校也有学生咨询机构，一般叫咨询部或学习中心。国外很多高校设立了专门的咨询工作机构，咨询内容涉及范围较广，包含学业辅导、生活指导、心理疏导、行为能力引导、勤工助学指导等，并已形成了相应的科学理论、有效的工作思路。中国高校学生咨询服务工作的系统推进相对较晚，力量还比较薄弱，需要及时转变方式，让咨询服务机构进驻学生社区，贴近学生实际开展工作。同时，要加强咨询服务的宣传和推广工作，鼓励学生敞开心扉，不回避、不拒绝问题，敢于进行个性化咨询，使问题及时得到解决，以免影响学业。

（八）构建和谐校园,引导学生全面健康发展

一些高校的学生管理工作以学生个人及其事务为关注点，学生活动基本在校园内，有时也会延伸到校外社区。此时的学生管理工作也随之扩展到校外，在与社区、社会机构、政府等接触、广泛交流与合作的过程中，学生不但提高了工作水平，而且拓展了工作视野。因此，无论是在国外高校，还是在国内高校，从事学生事务管理的工作者，都要充分认识到自己既是管理者和服务者，又是教育者和研究者，其工作就是营造一个积极、健康、和谐的学习和生活环境，为学生全面健康成长成才服务。

第三节 公寓管理，加强生活引导

高校学生公寓是学生日常生活与学习的重要场所，是培养和锻炼学生自我管理、自我教育、自我服务、自我监督能力，有效开展学生思想教育工作的重要阵地。因此，学生公寓的管理是高校管理的重要组成部分，是观察学校整体管理水平的一个窗口，务必高度重视。

一、高校学生公寓的地位和作用

(一)高校学生公寓在学生生活中的地位

学生公寓是学生日常活动的主要场所，在大学生活中具有重要地位。扩招后，高校的办学资源改善步伐相对滞后，教室、阅览室比较紧张，其他文化、体育、娱乐活动相对不足，学生的课余时间很大一部分是在学生公寓度过的。学生公寓的设施是否完备、安全，环境是否整洁优雅、舒适，服务是否周到，生活氛围是否和谐，社区文化活动是否丰富多彩，管理是否科学、规范，将直接关系学生日常生活质量的高低，影响学生能否健康成长和良好行为习惯能否养成。因此，加强公寓建设对学生的日常生活至关重要。

(二)学生公寓在学生管理中的重要作用

1.学生公寓是展示校风、学风建设的窗口

一所高校的校风、学风如何，不仅反映在教室、图书馆、实验室，同时也反映在学生公寓。因为学生的学习态度、劳动观念、组织纪律观念、集体观念在许多情况下反映在占其生活时间三分之一以上的寝室里。正因为如此，学校要协调学生思想教育与管理、后勤服务、安全保卫等各方面的力量，积极探索学生公寓中学校教育、管理、服务工作的结合点，加强学生公寓的管理服务和思想教育工作，在为学生创造一个宁静有序、文明清洁的环境的同时，也要及时消除学生因受其他不良影响而产生的抵触情绪。

针对此特点，公寓管理必须从管理育人、服务育人出发，努力挖掘潜力，积极改善住宿生活条件，把学生视为服务的对象，让学生得到应有的尊

重和关心。这是维护学校稳定的重要举措，也是创建良好校风、学风的前提，对学生的全面发展、成长成才十分关键。

2.学生公寓是思想教育和科学管理的镜子

学生公寓作为学生在校生活的集中场所，在学生的基本道德修养、学校的教育培养目标完成方面起着重要作用。学生在公寓中的表现，往往与社会对人才培养的要求、与学校教育管理目标相联系。就当前学生的精神与学习生活而言，主要存在五个倾向：

（1）学生在自我意识、个人价值观念方面，比较注重追求与大学教育层次相适应的知识结构和文化娱乐，而忽视从社会需求角度出发来完善自己。

（2）学生对一些水平高、影响大的活动感兴趣，也喜欢对一些深层次的社会现象、个人价值观念进行探讨，但却忽视个人劳动观念、清洁卫生习惯的养成和自我教育、自我管理、自我服务意识的培养。

（3）在公寓建设中，学生比较注重为自己营造一个安乐窝，而不能与整个公寓的管理保持协调一致。

（4）在公寓人际关系方面，学生注重自我个性的发展完善，而忽视将自己作为公寓的一分子加以完善和提高。

（5）同学之间交往密切，言谈举止不拘小节，学校的一些管理规章制度在公寓成员的相互默认中得不到严格的贯彻执行。甚至会出现一些消极的现象，如学习风气淡漠、组织纪律涣散、轻视劳动、不服从管理、挖苦先进、标榜落后等。

学生公寓是培养学生良好的道德行为规范，实现其德、智、体、美、劳全面发展和实施学校教育科学管理目标的一个结合点。通过学生公寓，学校可以把深入细致的思想政治工作与严格的科学管理有机结合，深入实际地了解学生的所想、所感、所为，真正地把握学生的思想动向。

3.学生公寓引导学生树立正确的人生观和价值观

学生公寓不只是单纯意义上的休息场所，而是一个重要的育人园地。来自不同地区、有着不同家庭背景和生活习惯的学生是公寓的主体，公寓是学生情感和思想比较自然、真实流露的地方。学生在公寓里交往，必将对各自的思想情感产生影响。学生在交往中，或探讨人生、憧憬未来，或交流学习、谈古论今，必会有各式各样的社会思潮、信息观点等方面的交汇，并由此产生互动影响。所以，必须正确把握学生的思想动态，及时给予正确的启迪和引导，并通过多种方式和渠道积极开展教育活动，引导学生明确方向、明辨是非，树立科学的世界观、人生观和价值观。

二、高校学生公寓管理的内容与方法

(一)高校学生公寓管理的内容

高校学生公寓管理具有服务、管理、育人三个主要功能。从公寓管理的功能就可以明白学生公寓管理应包括公寓内务及卫生管理、公寓区的治安管理、公寓纪律与秩序管理、公寓设施管理、公寓水电气管理、公寓电视及网络的管理等方面的内容。

(二)高校学生公寓管理的方法

良好的公寓环境是指高校实施学生素质教育，促进学生德、智、体、美、劳全面发展的物质保障。科学合理的规章制度会对学生起到良好的导向、规范、协调和激励作用。因此，对学生公寓实施科学有效的管理十分重要。就目前而言，学生公寓管理大致有两种方法：

1.行政方法

行政方法是学校根据学生公寓管理工作的需要，设立专门的管理机构，配备相应的管理人员，根据学校的校规校纪和学生公寓的管理制度、条例等，通过学生公寓管理人员、服务人员及学生干部，用强制性行政命令、规定，直接对住宿学生进行宣传教育，增强住宿学生执行规章、制度、规范的自觉性，使公寓管理有章可循，依法办事。行政方法是高校学生公寓管理普遍采用的方法。为了提高学生公寓管理行政方法的有效性，应科学运用相应的管理方式。

(1) 行政命令管理方式

行政命令管理方式是指凭借行政职权与权威，通过口头或书面等方式，发布必须执行的规定、决定、指示，它具有明显的强制性、权威性、直接性。对贯彻执行制度、条例规则的职责范围、处罚规定要明确具体；对不服从管理的要有相应的纪律、制度、惩处规定与执行程序做保障，以保证管理规章制度能贯彻执行，实现有效管理；对违反条例的处理要一视同仁，对管理条例的执行要做到公开、民主、公平、合理。学生公寓管理制度、条例、规则、规范的制定要科学，既要符合国家法规条例，又要得到学生的认同。这就要求规章制度的制定，不仅应有管理人员、法律专家、主管领导，还应有规章制度的针对人，即学生或学生代表参与。这样的规章制度才会有牢固的群众基础，才能得到更好的执行。在具体实施行政命令管理方式时，要做到制度化、规范化、程序化。根据高等教育规律及以高校管理目标、基本原则、管理程序和学生公寓管理自身规律，应制定一套包括《学生公寓管理办法》《学生社区管理委员会工作条例》《学生公寓公约》《各级工作人员岗位职责》《文明公寓建设实施细则》等完整、系统的规章制度、管理服务规范和学生公寓日常工作处理程序，并采用多种方式向学生进行宣传教育，使学生一进公寓就知道应该做什么、不应该做什么。规章制度明确学生做好了按何种规定受到何种奖励、违反了规定接受何种处罚，使管理服务人员和学生都有纪可守、有章可循，有利于建立和谐的公寓氛围。

（2）激励方式

激励是教育的一种方式。激励的直接着眼点在于激发学生的情感，使其产生良好的行为。公寓管理人员应掌握激励的艺术，不断创造条件，变换激励方式。同时，在激励过程中，公寓管理人员通过开展思想品德教育活动，以对学生起到感化作用，解决其思想认识问题，巩固激励成果。在学生公寓管理工作中，激励方法包括五种类型：①参与管理激励。吸收学生参与管理，成立公寓管委会，对学生公寓实行民主管理，以激励住宿学生共同管理好公寓的积极性和主动性。②目标激励。每学期公布学期、学年评选文明寝室和个人标兵的数量、条件、奖励方法，以激发学生达到某一目标的驱动力。③荣誉激励。对积极主动配合公寓管理工作并做出贡献的个人或集体授予相应的荣誉，创建光荣册、光荣榜，并记入学生档案，为其他学生树立榜样、明确方向。④物质激励。对于为建立良好公寓环境做出贡献的个人、集体，在运用上述几种激励方式的同时，要辅以物质激励。例如，如按原定并已公布于众的标准、比例发放奖金、奖品等，激发学生参与和配合做好公寓管理的积极性。⑤情感激励。公寓管理人员、学生社区辅导员要注意观察住宿学生的情感变化，对学生生活中的实际问题要帮助解决，如为经济困难的学生提供勤工俭学的机会，对生病的学生在医疗、饮食方面给予关怀，对某些有错误思想行为或失误行为的学生给予关心、爱护、帮助，使其及时改正错误。

（3）疏导教育方式

疏导就是疏通、引导。疏导教育方式就是要创造条件形成某种疏通机制，让学生的某种情绪得到宣泄；就是要循循善诱，将学生偏差的思想、情绪引导到正确的方向上来。鉴于目前有些学生对加强学生公寓管理的意义不理解，有些学生在公寓开展经商活动或引来亲友、同学住宿，有些学校甚至还发生过异性同宿的现象。虽然学校采取过行政措施，强化了学生公寓管理，但收效甚微。学校应在强化行政管理、加强思想教育的同时，适时采用疏导教育方式，倾听学生的意见和想法、掌握学生的心理，运用启发、商讨建议等方法，提高学生接受公寓管理规定、条例的自觉性。对学生的合理要求要尽量满足，或者创造条件分步骤实施；对学生的无理要求或者违纪行为要严厉批评。学校对待学生既不能强制压服，也不能放任自流，应采取积极疏导教育的方式。管理人员要使后进学生消除心理"防线"，晓之以理，促进转化，以便做好学生公寓管理工作。

（4）学生参与管理方式

现代管理理论认为，管理的核心是做好人的工作，充分调动人的积极性，使每个管理人员都能明确整体目标、自己的职责、工作的意义、相互的关系等，使其能积极、主动、创造性地完成自己的任务。管理心理学对"参与"和"认同"行为的研究成果表明，让普通成员以不同形式参与领导和管理，可以增加成员的心理满足，增强工作动机，减少对抗，增强责任感、义务感，由于认同而产生关心、支持和主动帮助的行为。高校学生公寓的住宿对象是具备一定知识和技能的学生，校方应积极组织以学生为主体的学生公寓楼管委会，设层长、寝室长，吸收学生参与决策学生公寓管理模式、制定学生公寓管理目标，参与解决问题、处理事件的活动，这样可以提高学生在学生公寓管理工作中对自我价值和重要性的认识，增加其对公寓管理决定的认同，从而提高向心力，增强自觉性，做到紧密配合、协同工作。同时，又可以使学生在参加公寓管理过程中提高组织管理能力。

学生参与管理是提高公寓管理效能的有效途径，也是育人的需要。学校学生公寓管理部门应从战略高度提高认识，积极支持，并要因时因校制宜，实行民主管理。条件成熟的学校可让学生实行自我管理，在行政上给予指导、支持和帮助。学生参与公寓的管理一般有三种方式：第一种是咨询参与，学生对学生公寓的管理模式、重大的管理改革措施、改革方案、规章制度建设等提出意见和建议。第二种是决策参与，学生对学生公寓管理中关心的重大问题，选派代表组成调查研究小组在调查研究和系统分析的基础上直接参与决策。第三种是行政参与，学生通过代表参加的校学生公寓管理领导小组或学生公寓楼管委会对学生公寓进行日常行政管理。

2.经济方法

经济方法是经济组织利用物质利益来影响所属人员行为并使之目标与组织目标相一致的一种管理方法。随着教育体制改革的不断深化，学生公寓管理应加强高校经济核算，提高教育投资效益，对学生适当采用经济方法进行管理，如对学生收取学杂费、住宿管理费等，同时变助学金为奖学金、贷学金。入学时学生先交费后注册，对于不交费或严重违反公寓管理规定的，学校不准其在学生公寓住宿；将住宿学生在公寓的表现作为道德操行，实施考评德育分与评奖学金挂钩；在公寓日常管理中核定水、电用量，超指标加价收费，减少水、电浪费；为防止损坏公物，学生住宿时每人交一定数额的押金，作为损坏公物时的扣款赔偿。

总之，适当运用经济方法有利于完善学校及学生公寓的管理职能。但经济方法不是万能的，作为国家主管主办的高校，不能过分强调以经济制裁为手段进行公寓管理。对学生的收费要适度，损坏公物要酌情赔偿，违反规定要合情合理处理、严格控制，避免处理不当。

（三）依托学生公寓开展学生心理健康咨询活动

学生正处于青年时期，存在着青年知识分子的特点。学习竞争的激烈、就业形势的严峻、爱情问题上的不如意、与同学交往产生障碍而导致的焦虑，部分同学经济上存在的压力和家庭教育的不平等导致了当前高等院校部分学生在心理上存在这样那样的问题。对于学生管理工作者而言，这类问题是绝不可轻视或忽略的。对此，校方有必要选聘有经验的、学生信得过的教师、心理医生在学生公寓开设咨询室，用社会学、心理学及医学知识和生活经验等开展心理健康咨询，帮助学生解除困惑，使他们适应环境变化，树立信心，培养积极的心态。这对于学生公寓管理工作是一个有效的辅助管理方法，也是学生公寓管理人员参加教育过程的有效措施。

学生公寓心理咨询方法的特点是学生由被管理的被动地位转为主动地位，而管理者（教师、医生和管理人员）由主动地位变为被动地位。学生心甘情愿地向管理者诉说自己的"遭遇""苦衷"，以求得对方的同情、理解和指导，从而使焦虑、郁闷、孤独、压抑的情绪得到某种释放和宣泄，保持心理平衡。

心理咨询方法对帮助心理有障碍、行为受挫折的学生消除消极心态、树立信心有重要作用。学生认为对方是自己的师长父辈、救命的医生，是信得过的，心理上消除了防卫和戒心。因此，学生对他们阐述的道理、行为规范、健康知识能听得进去，师生之间双向交流感情、探讨问题，有较强的针对性，有利于和谐师生关系的建立，并激发学生的潜能，消除学生的自卑、自弃心态。

学生公寓管理运用的心理咨询方法有各种不同的方式。一般来讲，单独面谈，或约几个知心朋友一起谈，或采取书信、网上交流等方式回答问题、交换意见都是可行的。也可以针对学生中普遍感兴趣或带倾向性的问题举办研讨会，或开设咨询课，或请有名望的专家、教授医生做专题讲座，并当场回答学生的问题，引导学生健康成长。

三、高校学生公寓管理的体制

（一）高校学生公寓管理体制的概念

管理就是在特定的环境下对组织所拥有的资源进行有效的计划、组织、领导和控制，以便达成既定的组织目标的过程。管理不仅为实现组织目标服务，还要运用组织的各种资源来实现目标。管理工作的过程是由一系列相互联系、连续进行的活动所构成的，也是在一定环境与条件下进行的。所以管理工作离不开特定的政治、经济、文化环境，离开了特定的物质和政治文化条件来空谈管理，是不可能产生管理效果的。

所谓体制，就是指国家机关、企业、事业单位等的组织制度。中国的学生公寓管理体制是指在中国特色社会主义市场经济体制的现行教育体制和办学模式下，为了实现高校学生公寓的科学管理，为学生提供良好的生活、学习环境，通过对学生实施教育、管理、服务实现育人目的而设立的学生公寓管理机构。在公寓管理过程中应明确学生工作部门、后勤服务（物业管理）部门、安全保卫部门、学生政治辅导员、公寓管理人员之间的职责和权限的划分，以及学生公寓管理的有关规章制度、管理决策程序等。

(二)高校学生公寓管理体制的类型

随着中国改革的逐步深化，尤其是高校后勤社会化的推进，学生公寓管理体制也在不断地发展变化。就目前而言，高校学生公寓管理体制主要有三种类型：

1.学生自治体制

学生自治体制是人本化管理在高校学生管理体制中的具化。人本管理思想是针对20世纪初过于强调对一切作业活动的计量定额、强调严格的操作程序而忽视了对人的管理的泰勒的科学管理而提出的一种人性化管理。人本管理在知识经济时代的立足点与核心是人的知识、能力的提高和创造力的培养，它要求管理者始终坚持以人为本的观念，建立让每一位成员都有机会施展才能的激励机制，努力营造尊重、和谐、愉快、进取的气氛，激发人们参与管理的热情、想象力和创造力。具化到学生管理体制上就是学生自治体制。学生自治体制通过从住宿学生中公开选聘从事管理、服务工作的学生公寓管理机构的工作人员，制定相应的学生公寓管理制度、条例、工作程序、考核及奖励办法。同时，成立学生公寓民主管理委员会，制定民主管理制度，使民主管理委员会的民主职权与学生公寓管理机构履行的管理职能相互同步、相互制约，以提高学生公寓管理水平。学校为学生住宿提供必要条件，配备相应的设施、设备，为有效地开展学生公寓管理工作创造条件，授予职权，给予指导，积极理顺关系，做好服务工作。学生自治的形式有两种：一种是学生公寓完全由学生负责经营，自我管理、自我教育、自我服务、自我监督，学校给予支持、指导，如深圳大学、华侨大学、湖州职业技术学院的学生公寓管理就是采取这种形式。另一种是学生公寓管理由学校提供支持、帮助，保证学生公寓管理服务正常运行的同时，学生实行自我管理、自我服务。

2.行政管理体制

这种学生公寓管理体制由后勤部门为学生提供住宿条件，学校用行政方法集权领导，分散管理。管理方式、收费标准等都由学校领导决定。在管理过程中，学生工作部门、安全保卫部门、后勤服务部门按具体的分工各负其责。行政管理体制虽是行政集权、管理有力度，但由于分散管理口多，会出现各自为政、互相脱节的现象，管理人员与学生之间容易产生对立情绪。诚然，这种管理体制在一定时期内曾起到积极作用，但在提倡民主、和谐的时代其存在不少弊端，有待于进一步探讨、完善。

3."主辅"管理体制

此种管理体制以行政管理为主、学生参与管理为辅，其形式主要有两种：一种是选聘或有关部门推荐学生直接担任学生公寓管理机构的副职或助理，协助中心主任（或科长）做好学生公寓管理工作并由他们负责学生公寓楼楼委会的有关工作；另一种是由学生代表组成学生公寓管理委员会，协助学校做好学生公寓管理工作。"主辅"管理体制既可充分听取学生的意见和建议，锻炼学生的组织能力，又有利于管理人员与学生之间沟通信息、交流感情，使学生承认并支持学校采取的管理决定和措施。

四、高校学生公寓管理模式的含义与类型

（一）高校学生公寓管理模式的含义

高校学生公寓管理模式是指高校对全体学生公寓进行管理活动时所采取的组织形式和管理方式。高校学生公寓管理模式是对学生公寓进行系统管理的前提，它受到社会制度、学校规模和学校管理体制等多种因素的制约。管理模式是否恰当对能否充分发挥学生公寓管理的效能、全面实现管理目标有着重要的影响。因此，各高校都十分重视对学生公寓管理模式的探索。

（二）中国的高校学生公寓管理模式

在中国，目前各高校所采用的学生公寓管理模式大致可分为四种类型：

1.学生自治管理模式

这种模式要求学生自己组织起来，自己负责公寓的安全、水电、公物维修，作息制度、卫生制度的制定和执行监督等。学校只给予学生理论上、方向上的指导和适当的经济补贴。这是充分体现学生公寓民主性管理原则的一种模式。实现学生自治管理的主要机构是学生公寓自我管理委员会，该委员会的成员由广大学生推举产生，报经学校批准。该委员会负责公寓活动宣传、各种规章制度的贯彻落实、各项工作的检查评比、各种违章行为的批评处理、各种服务设施的使用及维修等一切公寓管理活动。学生自治管理模式具有针对性强、灵活性大、范围广、效益高等优点，在理论上值得推崇和肯

定。但实际推行起来却往往因学生群体的自觉性不够，同时缺乏大批得力、过硬的学生干部而困难重重，因而只是在理论上加以肯定，在实际学生公寓管理工作中却不常用。

2.学生工作系统主管模式

这是以学生工作系统为主来管理学生公寓的一种模式。此模式由各院（系）分管学生工作的党总支书记或副书记、团总支书记、政治辅导员和班主任组成的学生工作领导小组全盘兼管学生公寓的安全、水电、卫生、维修等管理工作，后勤部门只提供物质保障。学生工作系统主管模式的针对性、灵活性较强，有利于加强对学生的思想教育工作，促进学生的全面发展。但由于学生工作领导小组成员的精力有限，教学、科研、公寓管理工作很难兼顾，往往忙得团团转，顾此失彼，这种管理模式也逐渐不再采用。

3.行政分工管理模式

此种模式是中国传统的学生公寓管理模式，由学校各部门按其工作职能分别负责某一单项的学生公寓管理工作，如后勤服务部门提供公寓设备及负责维护环境卫生等；校团委负责学生的思想教育工作；校保卫部门负责学生公寓的安全工作。行政分工管理模式把整个学生公寓管理工作分解成若干部分，划分细致，职责明确，有利于各专职部门所从事工作的制度化和规范化。但是，随着学生公寓管理工作的日益复杂化，行政分工模式越来越不适应实际工作的需要，日益暴露出政出多门、推诿扯皮、协作性差、形不成合力等缺点。所以，在当今学生公寓管理中，这种模式已逐渐被其他更先进、更合理的管理模式取代。

4.学生综合管理模式

所谓综合管理，就是以后勤服务总公司或学生工作部（处）为主管单位，学生公寓管理科或学生公寓管理中心为主要责任方，将后勤部门、安全保卫部门、思想品德教育和学生工作部门，以及相关院（系、部）及参加学生公寓管理工作的学生工作干部、管理员、保安人员等按职责分工，使其相互配合，共同做好学生公寓管理工作。在公寓管理过程中，行政管理、思想政治教育、经济、咨询疏导等方法和手段应交错使用，以提高学生公寓管理的整体效能。管理的内容包括学生公寓的卫生、治安、秩序、日常维修等，通过管理使学生公寓内整洁美观，公共场所清洁卫生，房屋、设施、水电供应始终保持正常状况，公寓秩序井然有序。管理人员、服务人员、治安保卫人员应积极治理公寓环境，主动做好防火、防盗工作，及时预防和妥善处置突发事件，实现教育、管理、服务一体化。

第四节 社会实践，发挥育人功能

高校人才培养途径是多种多样的，正确引导学生参加社会实践就是其中重要的一种。在早期的大学里，主要是通过在课堂上系统传授理论知识来培养人才。社会生产力的不断提高和发展，对教育和人才培养提出了新的目标，这种仅仅靠传授理论知识培养人才的方式已渐渐不适应时代。因为现代化的生产过程不仅要求人才掌握大量的理论知识，而且应该具有较强的动手能力和创造能力，具有科学的社会观和责任感，具有较高的道德素质和心理素质，这些方面仅仅靠课堂教学是难以完成的。所以，现代工业产生后，社会实践作为一种重要的教育方式被引进大学的教育过程，其重要作用日益引起人们尤其是教育工作者的重视。

一、高校学生社会实践的科学内涵

高校学生社会实践是一种以实践的方式实现高等教育目标的教育形式，是高校学生有目的、有计划地深入现实社会，参与具体的生产劳动和社会生活，以了解社会、增长知识技能、养成正确的社会意识和人生观的活动过程。学生社会实践是高校教育活动的重要环节，它与课堂教学相辅相成，共同完成高校的人才培养任务，实现学生的全面发展。

高校学生社会实践对学生的全面发展具有重要的意义。具体来说，主要表现在五个方面：

(一)社会实践帮助学生建立科学的世界观

世界观是人们对世界的一般看法和根本观点。人们在生活的过程中都会形成自己的世界观，但由于个人生活环境、所受的教育和影响不同，人的世界观也有很大差异。总的来说，世界观有正确和错误之分，而正确的世界观经过理论化、系统化就会成为科学的世界观。学生树立正确的世界观需要靠两个方面的努力：一方面是学生要经常与社会接触，不断突破事物的表面现象，深入事物的本质，从而不断校正原来从表象上获得的肤浅的或错误的认识，使自己的认识更符合事物的本质及规律；另一方面是学生通过系统的思维训练，学习前人正确的世界观理论，了解人们对世界观的认识上容易走上歧途的种种可能，对自己的世界观经常进行反思，并不断地充实新的科学的内容。因此，社会实践对学生建立科学的世界观很有必要。

(二)社会实践推动学生的社会化进程

社会化是指个人与社会生活不断调适，使个人由"自然人"发展为"社会人"的过程。社会实践可以增强学生的社会责任感。很多高校组织学生到基层进行社会实践，使学生提高了对改革的复杂性、艰巨性的认识，增强了他们的社会责任感。在社会实践中，越来越多的学生认识到，社会需要的不是冷漠的旁观者，也不是抱有同情心的捧场者，而是需要热情的、直接参加这项伟大建设工程的人。

通过社会实践，许多学生克服了原来自视清高的习气，自觉并充满激情地投入学习、生活和工作。社会实践可以推进学生实现社会角色的转变。社会实践活动能够帮助学生找到自己和社会要求之间的差距，看到自身知识和素质上的缺陷，启发学生对自己进行重新认识和正确评价，促使学生从过去的"唯我独尊"的幻想中回到现实，重新确立自我价值实现的基点，在纷繁复杂的社会中找到个人和社会的最佳结合点。社会实践还可以促使学生与长辈进行有效沟通。当前一些学生贪图安逸，怕吃苦，自视清高，却认为他们的父辈过于保守、正统，两代人之间形成了一层无形的隔膜。究其原因，主要在于有些学生对父辈缺少了解。在社会实践中，学生以普通劳动者的身份直接参加社会财富的创造活动，培养了他们尊重劳动成果、尊重父辈的思想感情。总之，在社会实践中，两代人之间可以通过相互沟通和相互理解，消除彼此的偏见，进而有效地促进两代人之间的交流和融合。

(三)社会实践有助于学生能力的提升

当代部分学生在一定程度上存在着眼高手低、忽视社会实践、脱离群众、动手能力弱等缺点，而积极踊跃地参加社会实践活动有利于弥补这些不足。受片面追求升学率的思想影响，部分学生只注意书本，不注意社会实践，存在"高分低能"的状况。这严重阻碍了他们在各项建设事业中发挥作用，延缓了他们成才的进程。实践是成才唯一的桥梁，只有实践活动才能使书本知识与实践操作合二为一。

事实证明，社会调查、科技咨询、信息服务、义务劳动等社会实践活动不仅可以使学生的智力资源得到直接的、有效的开发，达到分数与能力的统一、书本知识与实践的结合，还可以使个性不同的学生通过实践活动各获所求、各取所需，"缺什么，补什么"，从而有效地完善现行的教学方法，弥补学生自身的不足。

(四)社会实践促使学生贴近群众

回顾历史，凡是有所作为、有所创造的青年和知识分子无不投入了轰轰烈烈的社会实践。许多政治家、经济学家、教育家、军事家、文学家等是在社会实践活动中茁壮成长起来的。他们在实践中身体力行，树立了光辉的典范。学生只有广泛、深入地参加社会实践活动，和广大群众相结合，才能健康成长。

(五)社会实践助力学生融入现代化进程

当代高校学生将成为21世纪初期中国特色社会主义现代化建设的骨干力量。按照党中央制定的"十四五"规划和两个百年奋斗目标，我们国家的社会主义建设任重而道远。学生参加社会实践，可以在社会主义物质文明、精神文明、政治文明建设以及更深入的改革开放进程中大显身手，在树文明新风的社会实践中促进经济、政治、文化的平衡发展，从而对社会全面发展发挥积极的推动作用。

二、高校学生社会实践的具体实施

(一)高校学生社会实践的内容

1.深入社会开展社会调查

学生通过深入城镇、乡村开展社会调查、考察，深入城乡各地、部队、科研院所、企事业单位开展社会考察和社会调查活动，从而了解社会、了解国情，同时为社会和企业的发展献计献策。社会调查和考察的直接目的是了解社会的实际情况，认识社会现象的本质及其发展的客观规律。这种收集和处理社会信息的方法，在现代社会具有越来越重要的作用。

2.深入社会,开展社会服务

学生通过深入城镇社区和贫困乡村开展文化培训、科普讲座、法律宣传和咨询活动,服务社区和乡村的两个文明建设。

科技服务活动面向经济建设主战场,面向城镇社区、县乡的中小型企业、乡镇企业。学生结合所学专业,发挥技术特长,在教师的指导下开展科技攻关、工程设计、科技成果推广、科技咨询和技术服务等活动,使科学技术为现实生产服务。

信息服务活动是指通过一定的途径把人才、工农业科学技术及社会生活等方面的信息资源的开发利用情况提供给被服务单位,并把被服务单位的信息传递出去,以期取得一定的人才效益、社会效益和经济效益。学生通过在校的学习掌握了一定的专业知识,可以通过开展信息服务活动把信息资源的开发过程及成果传播到各个领域,进一步加以利用,在信息资源的开发利用之间架起一座桥梁。

3.深入社会,开展教学实习

高校学生党员与城市社区党员、农村基层党员、企事业单位党员联合,积极开展创新争优、"两学一做"、主题教育、党的先进性和纯洁性教育等互动活动。

教学实习是教学计划内的社会实践,是在教学计划规定的时间内进行的,要求每位学生必须参加并取得学分,是实现专业培养目标、保证人才品格质量的必修课。教学实习包括认识实习、生产实习、毕业实习等,是理、工、农、医等专业学生社会实践的主要形式,是把生产劳动引入教学,对学生进行思想政治教育、职业道德教育、专业教学和职业训练的基本环节。

4.深入社会,开展勤工助学

勤工助学对学生个人和国家都有重要的意义。对于个人来说,它有助于学生个人的成长和成才;对于国家来说,它有助于国家高科技人才的培养,有助于国家教育制度的改革和教育的不断发展。在假期,学生从事家教、推销员、打字员、秘书、酒店服务员等工作,一方面可以在一定程度上解决经济问题;另一方面通过这些社会实践活动,可以培养学生自立自强精神。

具体来说,勤工助学主要包括校内公益劳动,校外社区服务活动,与企事业单位、部队、科研院所、乡村、居民委员会、商业企业等单位开展的其他形式的勤工助学活动。

(二)高校学生社会实践的形式

1.活动型社会实践

这种社会实践以文化、科技、卫生下乡为主，通常做法是学校与某地联合，在某地以学校为主，组织一台甚至几台文艺演出，动员群众前来观看；或组织大型的科技咨询、文化宣传、医疗服务活动，场面宏大，气氛热烈，影响也较大。但投入多，组织过程复杂，参与的学生也不是很多。目前，这种社会实践已成为学生社会实践的主要形式，但仍然需要改进。

2.参观型社会实践

这种社会实践通常是学校组织学生到风景名胜、工厂进行参观考察、座谈，除了能增进学生之间的友谊、加深学生对祖国大好河山的热爱以外，只能对学生起到一定的教育作用，无法实现教育目的。因此部分学校就把这种社会实践作为对优秀学生或学生干部的奖励，组织少量学生参加，但取得的效益却不大。

3.课题型社会实践

学校以教师牵头，组织各相关年级学生，共同组成课题小组承担政府或企业的课题，通过广泛深入的调查进行课题攻关。学生参加这种实践的积极性比较高，而且这种活动能得到一定的社会资金支持，也能长期开展下去。

4.生产型社会实践

这种社会实践的参与者以高年级学生、研究生、博士生为主，他们参加生产活动的某一环节，成为其中一员。一方面，既利用自己已有的知识促进了生产的发展；另一方面，又在实践中学到了书本上没有的知识，相得益彰。这种社会实践有着较强的生命力。

5.挂职型社会实践

这种社会实践主要是学生到机关社区、乡村当中挂任某些职务的助理，做一些社会工作的实践。这种社会实践深受机关、社区、乡村的欢迎，但目前参加的学生人数较少。

6.互动型社会实践

这类社会实践的参与者既有学生（含学生党员），又有城乡基层的市民、农民（含党员）。在活动中，他们互为参照对象，相互学习、相互帮助，不仅双方共同获得进步，也在一定程度上促进了社会主义物质文明、精神文明和政治文明建设。

7.学生自发型社会实践

学生在假期通过参加社会招聘活动、上门自荐活动等形式参加各种社会生产活动，除能体验社会生活中的酸、甜、苦、辣外，还能利用自己的所长，在为社会服务的同时取得一定报酬，用以补贴学习或生活所需。这种社会实践除参加的学生较多外，学校支出也不是很大，应该进行鼓励。

三、高校学生社会实践的制度化建设

高校应把学生社会实践纳入整体教育计划，通过制定短期规划、长远规划和配套文件，形成一套完善的学生社会实践制度。它应针对实践活动的指导思想、方针原则、目标要求、形式内容、方法途径、时间要求、成绩考评、工作量计算、奖励办法、组织领导以及有关政策都作出明确的规定，并随着学校体制改革不断加以修订，使活动贴近学校的发展实际，有章可循。高校学生社会实践的制度化建设应包含四项内容：

(一)建立社会实践领导小组制度

学校应成立由分管学生工作的党政领导和教务、科研、总务、学生处、团委等部门组成的学生社会实践活动领导小组，负责对全校社会实践进行统筹安排、制订计划，组织落实。各院（系、部）成立由分管学生工作的党总支书记（副书记）、团总支书记与学工办主任等参加的社会实践领导小组，负责本院（系、部）学生社会实践计划的制订与实施。同时，也可吸收校外人士，如地方政府负责领导、地方市团委同志及企业负责同志共同组成社会实践领导小组，建立友好关系，以便于高校社会实践活动。

(二)完善社会实践基地制度建设

随着学生社会实践不断走向成熟，完善社会实践基地制度建设也成为一种趋势。相对于实践初期分散、随机的活动，基地活动可以有长远的计划，为培养人才制订完备的方案，同时也有利于基地方与校方建立长期互惠关系，使社会实践在双方自愿的基础上健康发展。社会实践基地建设包括两个方面的内容：一方面是加强为教学研究服务的社会实践基地建设。这类基地包括城市工商企业、农业生产单位等基地。另一方面是加强思想政治教育和党建社会实践基地建设。这类基地包括城市社区、农村基层组织、各类爱国主义教育基地（革命纪念馆、革命博物馆和烈士陵园等）等。

(三)建立社会实践指导教师队伍制度

开展学生社会实践的经验证明，社会实践要取得成效离不开教师的积极参与。因此，必须建立社会实践指导教师队伍制度。不同的社会实践需要不同的指导教师：为教学研究服务的社会实践由专业教师或相关专业的技术人员做指导教师；思想政治教育类的社会实践由政治辅导员、政治理论教师或校外政工干部做指导教师。借助指导教师在人格、理论、知识、专业上的优势增强社会实践的生命力，实现实践过程中全方位育人的功能。建立社会实践指导教师队伍制度一般要考虑8个因素：（1）基地的性质（教学研究服务型的社会实践基地和思想政治教育型的社会实践基地对教师的要求有所不同）。（2）学校的有关政策。（3）教师的地位和作用。（4）实践过程中的组织领导。（5）纪律要求。（6）地点的选择和安排。（7）职称评审和职务晋升。（8）工作量的计算。

(四)建立社会实践考核与激励制度

考核激励是提高社会实践活动成效的有效方式之一。对学生参加社会实践活动定内容、计学分；对教师定任务、计工作量；对院（系、部）和教研室制定规划和考核措施。社会实践活动情况要做到"八个挂钩"，即与学生德、智、体、美、劳综合测评成绩挂钩；与奖学金挂钩；与评选先进个人和集体挂钩；与团员民主评议、推优入党和推荐免试研究生挂钩；与评选优秀党/团员挂钩；与学生的学分挂钩；与单位和个人的经济利益挂钩；与教师工作量和干部业绩的奖惩挂钩。这样，才能调动学生、广大教师干部以及社会各界、各单位参与社会实践的积极性、主动性，使社会实践形成有机运作、自我驱动、有轨发展的机制。

四、高校学生社会实践的发展趋势

(一)实践组织的科学化

学生社会实践能否获得理想的效果，不仅取决于实践活动的社会化程度和实践制度的规范化程度，还取决于实践组织过程中的科学化程度。学生社会实践是高等教育的重要组成部分，社会将会对它提出越来越高的要求。实践组织的科学化正是要通过不断地研究社会实践的基本规律并严格遵循规律组织实践活动来动态地满足社会的要求。因此，实践组织的科学化就成为社会实践活动发展的必然趋势，它将贯穿于社会实践活动的全过程。而具体实践过程中，实践组织的科学化又依赖于实践活动有机组织系统的确立和科学组织理论的指导。

(二)实践制度的规范化

实践制度规范化的目的是使社会实践活动做到有章可循、有据可依，保证社会实践活动持续有效开展。实践制度规范化的标志是富有权威、系统全面、切实可行，并具有自我发展机制的实践制度体系的建立。

(三)实践活动的社会化

学生社会实践活动作为教育活动的主要形式之一，具有三个基本的构成要素，即实践活动组织者、实践活动本体、实践活动主体。因此，实践活动的社会化也由这三个构成要素的社会化来组成。这三个构成要素的社会化分别有不同的含义。实践活动组织者的社会化是指动员全社会的力量来关心、组织学生的社会实践活动，这是实践活动社会化的基本条件；实践活动本体的社会化是指具体实践活动过程的内容与形式必须以社会需要和社会所提供的条件为基础，这是实践活动社会化的重要途径；实践活动主体的社会化是指通过实践活动把社会的价值体系内化为实践参加者（学生）的价值体系，使之成为合格的社会成员，这是实践活动社会化的根本目的。由此可见，实践活动的社会化就是动员全社会的力量，组织以社会需要和社会所提供的条件为基础的实践活动，最终达到把学生培养成合格的社会成员的目的。

第八章　高校学生管理模式创新与实践

第一节　利用手机端平台，丰富与创新学生管理方式

面对新的时代背景，高校可从转变学生工作管理理念、优化学生工作管理队伍、健全学生工作管理平台、丰富学生工作管理方式四个方面来积极探索高校学生工作管理创新措施，不断增强学生工作管理的创造力、号召力和影响力。

一、实施"微管理"，转变和创新学生工作管理理念

（一）实施学生工作管理思维的转型

"微时代"下，随着微媒体在校园内的普及，学生工作管理者要进行思维的转型，可以借助微媒体平台作为新的学生工作管理阵地和载体，使学生工作管理更加现代化和科学化，从而提高工作效率。

1.学生工作管理者应该从思想上重视微媒体平台所具备的潜在管理功能

"微时代"下，随着微博、微信等微媒体在大学生中的普及，管理者如果能运用这些平台作为与学生互动及管理新途径，那么就能更好地融入学生的学习、生活，发挥微媒体平台潜在的管理功能。这就需要学生工作管理者转变思维方式，不对微媒体抱有偏见，要正确认识微媒体、认真研究微媒体、大胆使用微媒体。

2.管理思维可尝试由现实管理向虚拟管理转型

与学生进行面对面的交流是管理者普遍采用的方式，他们认为这种方式能较好地实现对学生的管理。但是在"微时代"，这种方式可能并不为学生们所普遍接受，甚至容易使部分学生产生厌烦的情绪，因此，应该将传统的管理思维向虚拟管理转型，重视并尝试通过以学生喜闻乐见的虚拟微媒体平

台实施宣传、交流、管理、服务等功能。

3.积极转变管理理念

把握"微时代"带来的机遇，树立"以学生为本"的理念，打造民主和谐的校园环境，构建科学完善的学生管理制度，重视学生的主体性地位，使管理更加科学化、民主化和正规化，从而实现学生的全面发展。

学校也应适应潮流，转变学生工作管理思维，适应新环境、新要求，将微媒体平台纳入学生工作管理整体战略，加大资金和技术的投入，谋求可持续发展的创新之路，为推进高校学生工作管理健康、有序发展奠定坚实的基础。

(二)重视微媒体使用的价值引导

大学阶段是学生形成正确世界观、人生观和价值观的重要阶段，而学生在与各种层出不穷信息的接触过程中，容易在思想观念和道德认知方面出现偏差，甚至导致理想信念不坚定、价值观混乱等问题，如果学校不及时加以引导，就可能造成难以弥补的遗憾。"微时代"既有利于学生更新思想观念，又容易使他们受到不良信息的误导，影响他们正确观念的形成。因此，学校要能引导学生正确使用微媒体，使他们具有良好的微媒体使用素养，能有选择性地利用微媒体平台的资源，从而抵制不良信息，促进自身的全面发展。首先，高校可尝试开设微博、微信等微媒体使用技术的培训班或选修课，向学生传授微媒体的基本知识和主要用途，使他们了解微媒体的传播途径和方式，提高对微媒体信息的独立思考、理解和批判性选择的能力，远离不良微媒体环境，并强化学生微媒体使用的道德意识和法制观念；其次，指导和鼓励学生尝试参加微媒体实践活动，提高微媒体使用技能，如制作微视频、微电影，举办微公益校园活动等。

二、打造"微队伍"，推进和优化学生工作管理队伍

(一)建立"四位一体"的学生工作管理队伍

"微时代"下，可尝试利用微媒体平台的便捷、快速、易互交的特性建立，建立集辅导员、教师、学生干部、家长"四位一体"的学生工作管理队伍。辅导员、教师、学生干部、家长不仅要在学生工作管理中发挥好各自的作用，相互之间还要加强配合、加强交流、优势互补、协调一致，从而实

现"1+1+1+1＞4"的效果，最大力度地发挥"四位一体"学生工作管理队伍的功用。

1.辅导员方面

辅导员是学生思想政治工作和日常管理的骨干力量，是学生健康成长的指导者和引路人。他们的主要职责是负责学生思想政治教育工作，学生党团、班级工作，学生学业、就业、交友、心理指导咨询工作，学生宿舍管理、奖助困补、安全维稳等工作。在大学校园中，辅导员与学生接触得最多、关系最为密切，学生对他们的依赖程度比较高。辅导员所带学生比例一般不低于1∶200，工作量大，任务较重。"微时代"下，辅导员可以利用微媒体平台提高工作效率，扩大学生受众面，如利用班级微信、微博、QQ等微媒体准确地传达信息，巧妙地描述事件，积极地交流互动，有序地管理引导，以达到更好地服务学生的目的。

2.教师方面

一是加强对学生工作管理相关部门，如学校学工处、保卫处、招生就业处、后勤处、团委、各（院）系学工办、学院/班级等教师的培训，提升他们使用微媒体的能力，鼓励他们利用微媒体平台开展工作。在具体工作中，他们既要维护好部门或个人的微媒体平台，又要关注和参与到学生的媒体平台，才能达到较好的管理效果。如通过微博、微信或QQ与学生交流，既能增进师生感情，又能及时了解学生动态；或是利用自己的微媒体平台在学生中传递正能量，引导学生树立正确的三观。二是加强专业教师队伍建设。专业教师也可以通过微博、微信、微课程等学生所喜闻乐见的方式来组织课堂，并积极地与学生在学习上进行交流互动，甚至可将课堂延伸到课堂之外、课余时间，以增强学生学习的积极性，巩固教学效果。

3.学生干部方面

除了学生会、团总支、社团联合会、青年志愿者等学生组织的学生干部之外，还可以组建一支作风好、纪律强、技术强的学生干部队伍，深入学生，积极转发传播学校官方信息，及时关注学生中的舆情动态，传递正能量，发挥学生朋辈相互影响的积极作用。如组建学生干部微团队，专门从事微电影、微故事、微公益、微访谈等微素材的制作，并发布到微媒体平台，以达到教育管理的目的。

4.家长方面

随着"微时代"的到来，越来越多的家长也使用微博、微信、QQ等微媒体，这就为教师、学生、家长三方实现互动，共同关注学生的成长提供了更好的平台。如教师可将学生在校园的学习、生活、心理等情况通过微媒体平台向家长反馈，特别是部分重点关注的学生对象，这样家长就可不受限于时间、空间，能及时了解学生最新动态。

为了更好地发挥"四位一体"的学生工作管理队伍的作用，学校也可通过开展微媒体培训、社会考察、知名媒体机构交流经验等学习活动，加强学生工作管理人员对微时代的认识，鼓励他们提升使用微媒体的技术、能力。

(二)激发学生"意见领袖"的积极引导作用

学生中的"意见领袖"发挥的作用具有两面性：一方面，如果他们在微媒体平台上发布的信息是正能量的、与浏览学生的互动是友好的、对校内事件和热门观点的探讨是积极的，就能引导舆论朝着积极的方向发展，且有利于事情的妥善解决。另一方面，如果他们发布的信息负能量爆棚，或是对学校稍有不满就煽风点火引起校园风波，这种消极的舆论导向就给事情的解决造成更大的障碍。高校可尝试培养一批"意见领袖"，并加强对他们的培养和引导，充分发挥他们的积极引导作用。高校可通过他们在学生中开展工作，使他们成为学生工作管理的重要力量，以便更好地为学生服务。如在2016年全国"两会"期间，学生"意见领袖"可以通过微博、微信等平台转发"两会"期间的热点话题，引导同学们共同关注时事政治，提高同学们参与社会活动的积极性。总之，学生"意见领袖"在学生工作管理中的积极作用不容小觑，高校可从人才发展的角度出发，充分尊重学生主体地位，多渠道构建培育机制，并形成一个系统科学的培养体系，从而实现以学生管理学生、以学生服务学生、以学生影响学生的自我发展模式。

三、搭建"微媒体"，建立和健全学生工作管理平台

(一)建设微媒体基础设施

"微时代"下，为了使微博、微信等微媒体平台顺利进驻高校并发挥其作用，学校必须建设满足微博、微信等微媒体平台使用的基础设施、硬件环境和软件设备，并且进行长期管理维护，以保障微媒体平台在校园内的广泛

运用。如校园 WiFi 覆盖面要广，能到达教室、实训室、图书馆、运动场、食堂、学生宿舍等区域。总而言之，就是要以硬件条件为基础，以相应软件程序为补充，以长期维护为支撑，这样才能保障学生工作管理能够运用微媒体平台长期有效地开展。

(二)搭建多元微媒体平台

首先，注册学校的官方微博、微信公众号等平台，构建家庭、学校、企业、社会互相关联的平台，并经常更新动态，保持与外界之间的信息交换；其次，建立各院系及部门的微博、微信等微媒体平台，通过双向互动，倾听学生的意见和建议，不断改进学生工作管理的服务质量；再次，鼓励教师开通个人微博、微信等微媒体平台，并与学生进行互动，为学生学习、生活提供帮助；最后，鼓励学生组织、社团、班级构建自由、民主、文明、守纪的交流平台，进行群体之间的互动和思辨，激发学生活力。此外，搭建学校、部门、教师、学生组织多元微媒体平台后，不能只建不管，还应加强监督、管理、维护，统一协调，相互补充，以实现平台的有效利用。

(三)构建精品微媒体平台

"微时代"下，为了更好地发挥微媒体平台在学生工作管理中的作用，还可构建专门的、针对性较强的学生工作管理精品微博、微信公众号平台。如注册"校园百事通"微信公众号，并有针对性地以学生工作管理内容来开发微信公众号的模块。如在"校园百事通"微信公众号中创建学生教育、学生管理、学生服务等模块菜单。在学生教育模块中设计党团教育、理想信念教育、法制教育、心理健康、安全教育、主题教育等栏目；在学生管理模块中设计校纪校规、奖惩通报、学生动态、档案管理、事务管理等栏目；在学生服务模块中设计文件通知、学习园地、就业创业、主题活动、校园生活、课表成绩查询、奖助困补贷、虚拟社区、联系我们等栏目。每个栏目下还可以添加子栏目，如事务管理下开设宿舍管理、勤工助学、请假申请等栏目。栏目可运用文字、图片、视频、音频等素材，且内容贴近学生、贴近生活，用具有地方特色、学校特色、学生容易接受的语境，引起学生的认同和共鸣，吸引学生注意力，满足学生需求，增加学生关注、点击、阅读、参与、转发、评论的兴趣，从而不断提升学生工作管理的服务质量。

(四)强化使用微媒体平台的监督管理机制

"微时代"下，微媒体技术在校园广泛运用。在这种环境下，信息的发布和使用比以往更加自由，且信息的传播在某种程度上处于一种"时间、空间、资讯无障碍"的状态，具有不确定性和难以控制性。另外，由于平台太多，且呈现自发、松散、无序的状态，缺乏统一组织，加上平台之间没有相互协调机制，难以实现有效利用。因此，"微时代"下，系统化的制度建设和科学的监督管理机制的落实显得尤为重要。可尝试采取的措施。首先，研究制定科学、有效、统一的微媒体运行规章制度，加强对微媒体的有效监管。其次，对校园内多层次的微媒体平台进行监督和引导，并实时检查，从源头上净化过滤不良有害信息，确保学生拥有健康环境，但又要注意留有适当空间，避免挫伤学生参与的积极性。最后，实施线上、线下两手抓的监管机制，结合传统的管理方式，扩大监管的范围。"微时代"下，高校只有与时俱进地研究出科学的微媒体使用管理方法，并建立合理的微媒体使用管理机制，才能营造安全、有序的校园环境，维护校园稳定。

四、开展"微活动"，丰富与创新学生工作管理方式

(一)构建"微活动"校园文化，形成润物无声管理特色

大学生十分注重校园文化生活，营造良好的"微活动"校园文化氛围可以调动学生参与活动的积极性。高校学生工作管理者可以尝试将微博、微信等微媒体平台运用于构建校园"微活动"，并通过"微活动"向大学生传播教育知识信息、弘扬社会主旋律和树立正确的价值观念，以凸显"春风化雨、润物无声"的管理特色，为更好地开展"微时代"下高校学生管理工作奠定基础。首先，可尝试挖掘和培养一批思维活跃、现代意识强、善于策划组织且多才多艺的教师或学生干部，使他们深入学生，并能够顺应时代需求，不断创建新的活动形式；其次，开展"微时代""微时尚"元素推广校园文化活动，广泛地吸引大学生积极地参与；再次，创新校园文化活动形式，在传统的校园文化活动形式的基础上，举办一些符合"微时代"发展、以"微时代"为主题的校园文化活动，比如微电影比赛、微博摄影评比、微商创业活动等。通过开展"微时代"校园文化活动，既丰富了学生的课余生活，又锻炼了学生的人际交往能力，有利于学生积累社会实践经验。

(二)推广"微公益"校园项目,凸显"育人无形"管理效果

"微公益"指的是通过微不足道的小事进行公益事业的传播,汇微小成巨大,微公益强调积少成多。在"微时代",人人都是"微公益"的践行者。在学生中开展"微公益"校园活动项目,既能够帮助一些特殊学生,解决他们的困难,更能弘扬互帮互助精神,增进学生之间的感情,传播正能量,实现"育人无形"的效果。高校举办校园"微公益"活动项目意义深远。校园的"微公益"不仅仅是一种简单意义上的校园文化活动,更重要的是通过"微公益"活动,可培养学生感恩的生活态度,提升学生的社会责任感,升华学生的思想道德品质,以达到"我为人人,人人为我"的人生境界。因此,高校学生工作管理者要了解有关"微公益"的基本知识,并结合工作中的实际情况,经常举办一些适合学生参与的"微公益"校园活动项目,并在学生中积极地宣传。如:在学生中发起一月捐献一元的"微公益"校园活动,帮助校园中家境困难或患有严重疾病的同学;向同学们倡议捐出自己用旧了的书籍等学习用品或衣服等生活用品,寄给偏远山区的学生。

第二节　贯彻法治化理念,推进"三全育人"

依法治国作为中国共产党领导人民治理国家的基本方略,受到全党、全国人民的认同。在法治化社会不断深入推进的过程中,依法治校成为高校教育管理的重要指导思想。学生工作管理是高校工作的重要一环,如何实现其法治化管理以促进高校依法治校成为需要不断探索的问题。

一、高校学生工作管理法治化的必然性

(一)时代发展需要与国家政策引导

依法治国,建设社会主义法治国家,是人民当家作主的根本保证。党的十六大提出,要把依法治国作为"党领导人民治理国家的基本方略";2014年10月,党的十八届四中全会首次专题讨论了依法治国问题;2017年10月18日,习近平总书记强调,成立中央全面依法治国领导小组,加强对法治中国建设的统一领导。可见,法治化已得到全社会普遍尊重和认可。基于法

治视角的高校学生工作管理改革是时代提出的更高要求，应该受到高度重视。

（二）高校依法治校的必然要求

我国已步入法治化建设阶段，为社会主义现代化建设宏伟目标，依法治校是必然选择。在大学生权力意识不断提升的情况下，也必然要求高校学生工作管理法治化。加之，在社会不断发展过程中，高校和学生之间因为管理所产生的法律纠纷也在不断增加，高校学生工作管理的法治化有利于依法治校进程的推进。

（三）提高高校学生工作管理实效的现实诉求

当前，高校学生工作管理缺乏法治基础，管理过程中无法可依现象突出。高校如果能够在实际工作中做到法治化管理，不仅能够进一步提高高校学生工作管理质量，还能够突出高校办学特色、促使高校办学理念更为明确，最终就够能形成较为合理的高校学生工作管理制度和程序，为国家培养具有法治精神的创新人才，最终促进整个高校建设质量的提升。

二、高校学生工作管理法治化建设的具体措施

（一）对学生工作管理准则进行细化

在基于法治视角进行高校学生工作管理改革的过程中，首先需要高校按照自身办学特色对管理工作准则进行细化。在现如今高校学生工作管理体系中，法规和细则的实施本身就是对我国基本法的拓展，在不违反上位法的基础上结合学校实际情况对学生工作管理准则进行细化，进一步提高学校内部管理结构的规范性，让学校学生工作管理更加民主化。具体而言，高校可以结合现有的《宪法》《教育法》《高等教育法》以及《学位管理条例》，对学生受教育权利与义务相关内容进行细化，根据法律来推动高校学生工作管理；同时，对学生行为进行规范，真正保障学生合法权益。

（二）加强法治化学生工作管理队伍建设

要想真正实现基于法治视角下的高校学生工作管理改革，相应的学生工作管理队伍在其中起着非常重要的作用，这也是高校人才培养过程中的核心环节，因为只有确保高校学生工作管理队伍质量，才能进一步促进法治化学生工作管理效果。为此，在实际改革过程中可以从两点着手：首先，提高法

治意识。思想是行动的先导，高校学生工作管理队伍作为高校学生工作管理的实施主体，必须要提高法治意识。其次，加强自身法治教育。高校学生工作管理队伍是大学生思想政治教育的骨干力量，高校学生工作管理的法治化建设需要鼓励他们积极参与法治知识学习，通过法治教育提高其自身法律素养。

（三）促进学校法治治理合力形成

要想真正实现基于法治视角下的高校学生工作管理改革，高校还需要构建多种多样的实施渠道，形成学校法治治理合力。依法治校这一任务不只是学校管理人员的责任，学校内部所有人员都应该参与其中。具体而言，教师不仅要在学校肩负教书育人的责任，还需要在完成知识传授的基础上加强对学生的思想道德以及法治教育，积极借用课堂这一教育的主要阵地，进一步提高学生对自身权利和义务的认识，提升学生法治观念。另外，学生作为高校的一员，也是学生工作管理的主体，需要明确自己受教育的机会以及权利。最后，学校还可以在校园内做好宣传工作，通过宣传教育的方式将法治思想和观念渗透到每一位学生心中。

综上所述，基于法治视角下的高校学生工作管理改革是新时期对高校学生工作管理提出的更高要求，应该得到足够重视。高校学生工作管理的法治化建设不仅有利于促进依法治校，同时有助于创新高校学生工作管理方式，提高大学生思想政治教育工作实效。高校应切实从学生管理准则细化、法治化工作队伍建设、法治治理合力形成这三方面出发，逐步实现高校学生工作管理法治化。

第三节 规划大数据信息，确保学生管理决策科学性

一、大数据时代高校学生工作管理的背景

（一）大数据的内涵和特征

麦肯锡全球研究所报告《大数据：创新、竞争和生产力的下一个前沿》对大数据的含义做了界定：大数据是指大小超出了传统数据库软件工作的抓

取、存储、管理和分析能力的数据群。中国学者涂子沛认为，大数据是指那些大小已经超出了传统意义上的尺度，一般的软件工作难以捕捉、存储、管理和分析的数据。由此可见，大数据主要是指数据规模巨大的数据库，其主要内涵包括两个方面：一是数据规模大，达到无法用传统的软件工具进行提取、存储、管理、分析和应用的程度；二是数据处理技术新，对如此大规模的数据进行提取、存储、管理、分析和应用需要全新的技术体系支撑。

大数据以其鲜明的特征展示其巨大的力量，使信息产生和传送的速度、方式、范围都发生了前所未有的变化，对高校学生工作管理也带来了深刻的影响。

（二）一切皆可数据化

中国互联网络信息中心（CNNIC）2018年8月发布的《第42次中国互联网络发展状况统计报告》显示，中国互联网的普及率达57.7%，手机网民规模稳步增长。大学生网民的概率更高，几乎所有大学生会使用互联网上网，在网上学习、交友和购物，网络已经成为大学生的一种生活方式。互联网改变着大学生的学习、工作和生活方式，它所带来的即时性、简洁性、便捷性适应了现代大学生的心理需求和社会需求。随着智能手机和WiFi网络的进一步普及，大学生使用互联网将更加方便。网络为学生展开了一幅丰富生动的画卷，其中蕴含着无限的可能性，大学生既可以在其中尽情学习海量知识，可以毫无顾忌地发表看法、发泄情绪，可以享受网络购物的便捷和实惠，还可以方便迅速地与五湖四海的亲朋好友沟通交流。应该说，与面对面的交流中展示的自我相比，大学生在网络上的表现更丰富和真实。在小数据时代，由于数据收集能力和处理技术的局限性，要通过互联网全面了解学生是非常困难的，但在大数据时代，学生的衣食住行、喜怒哀乐、吃喝玩乐等情况都以数据形式存在。在大数据时代，互联网和移动终端可以实时快速完整地收集大学生的各类信息，包括定位、通话、消费、评论等各种数据，高校学生工作管理者通过数据分析和挖掘，可以全面地了解大学生的个性、兴趣、习惯、情感和思想，为开展学生工作打下良好的信息基础。

二、大数据时代高校学生工作管理的理念

面对新时代，高校学生工作管理者应及时树立大数据思维，改变传统的学生理念和工作理念，为开展大数据时代的高校学生工作管理奠定基础。

(一)理性化决策

高校学生工作管理的主要对象是大学生，作为最具活力、最具潜力的自主个体，大学生的思想、行为和个性是最丰富的。由于思想具有无形性和复杂性特征，要了解一个人的思想是比较困难的，以往只能依赖于个人学生工作经历的经验做出判断。这种传统的主观决策方式和基于经验的学生管理模式会有失偏颇，但在大数据时代，可以有效地作出更科学的判断、更加理性化的决策。大数据提供了有关大学生的方方面面的信息，是作出理性决策的数据依据。"大数据时代已经来临，在商业、经济及其他领域，决策将日益基于数据和分析而作出，而非基于经验和直觉。"在大数据时代，可以通过互联网收集大学生群体的思想、行为特征，通过云计算和分析技术形成对大学生群体思想行为的规律性认识，通过对海量数据的分析实现科学决策，而不是仅仅凭借主观经验和感受。

(二)精准化预测

预测是大数据的核心，它把数学运算法运用于海量的数据，从而预测事情发生的可能性，实现预估的目的。海量数据使对事物发展状况的预测成为可能，也使对人类行为的预测成为可能。在大数据时代，大学生的行为都被记录保存下来，这些行为数据是相互依存和关联的，通过大学生行为数据的深度分析和整合，可以找到这些行为之间的联系，发现大学生行为的趋势和可能性，从而对大学生的行为进行预警和预测。通过检测大学生的行为数据，发挥预警机制的作用，就能迅速作出反应，提前对学生进行指导和干预。

(三)个性化服务

大数据时代使个性化教育成为可能。通过对学生学习过程的数据跟踪、分析，可以发现学生的学习模式，为其制订个性化教育方案。大数据时代对个性化的关注，将使学生工作管理发生重大改变。以往学生工作管理只能从整体上制订工作方案，忽略了学生的差异性和个性化需求。大学生是极具个性的群体，他们注重个性，希望被作为独特的个体看待。大数据能帮助重新审视学生工作管理，不仅从整体上把握学生工作管理的规律，更注重从个体上开展具体的工作，促进每个大学生的个性化发展。大数据通过全面、及时、动态地记录每个学生的学习、生活和社交情况，形成对每个学生的准确认识，能准确把握学生的个性和成长需求，从而有针对性地开展思想政治教育、职业生涯规划、心理辅导、综合素质教育，实现对学生的个性化服务。

(四)科学化评价

在以往的高校学生工作管理实践中，无论是对学生的思想评价还是对学生的家庭经济情况评价，都很难采用量化的方法，只能从辅导员、班主任、同学等各种渠道尽可能多地了解情况，从而形成主观性极强的评价，这样难免会存在一定偏差。以评价学生的家庭经济状况为例，通过对大数据的使用，可以通过学生校园卡的消费记录、购物网站的消费记录、手机缴费清单、个人账户的往来记录等清晰地把握学生某一段时间的具体收支情况，从而利用大数据对其个人经济情况作出准确判断，以此作为判断其家庭经济状况的一个重要依据，避免由主观分析带来的失误。在对学生的思想状况作出评价时，通过对海量数据的分析，也可以更加准确地把握其思想和行为动态，将反映其思想特征的信息进行数据化处理，从而使量化分析成为可能。在评价学校、二级学院的学生工作时，可以采用定性与定量相结合的方法，将单项评价与综合评价、过程评价与结果评价结合。这种定性和定量相结合的方法，将极大地提高学生工作评价的科学性。

三、大数据时代高校学生工作管理的路径

(一)建设一个集成型的学生工作管理数据平台

大数据时代开展高校学生工作管理的基础是数据，只有掌握了大数据才能真正了解大学生的思想行为特点，有效地开展各项教育、管理和服务工作。首先，高校要进行顶层设计，建设一个集成型的数据平台。各高校在轰轰烈烈地开展智慧校园建设时，各部门往往是各自为政，只考虑本部门的工作需求，学校内部都很难实现数据共享和整合。学校层面应该设立一个协调部门或数据中心，集成学工部、教务处、后勤处、图书馆等与学生相关的各部门的信息平台，整合所有与学生相关的信息，建设一个系统的在线数据收集平台，形成一个全校范围的学生工作管理数据库，以保证及时全面地收集所有学生的所有数据。同时，各高校还要从整体的角度做好数据分类、分层的收集规划工作，确保数据来源和方式的多样化，确保数据类型的多元化，确保覆盖所有与学生工作相关的因素，确保数据采集的广度、深度和细分

度，建立一个数据收集的立体化系统。其次，高校要主动共享社会数据库。大学生的主要活动阵地涉及互联网和移动手机等多个平台，单靠学校内部的数据库无法全面掌握学生的所有情况，而且社会各界的数据收集力量可能更加强大、技术更加先进，所以更需要高校突破校园围墙，主动与相关网络媒体、社会组织、政府部门、其他高校建立协同机制，共享数据资源，动态地把握学生数据，充分借助社会力量，充实学生工作管理信息库。

(二)建设一支复合型的学生工作管理队伍

大数据时代的到来，对高校学生工作管理队伍提出了更高要求，除了具备以往的素质能力之外，对学生工作管理者的大数据意识和处理信息的能力提出了新要求。首先，学生工作管理队伍要具备大数据意识。学生工作管理者要充分认识到大数据对改进高校学生工作管理的重要价值和意义，从思想层面重视大数据的采集、整理和分析工作；还要有意识地培养自身对数据信息的敏感性，培养大数据所要求的整体性、混杂性和相关性思维。其次，学生工作管理队伍要具备运用大数据的能力。高校要加强对学生工作管理队伍的培训，学生工作管理者也要积极地融入大数据时代，主动学习大数据所需要的收集、分析和处理技术，提高信息的筛选和甄别能力，提高自己运用大数据的能力。学生工作管理者在具备了大数据的相关能力之后，还要主动将分析的结果运用于学生工作管理的实践，提高大数据技术的指导性作用。最后，学生工作管理队伍的建设要有梯队规划。大数据时代既要求学生工作管理者有过硬的学生管理能力，又要求其具备大数据的知识和能力，这在短时间内很难做到。为尽快适应大数据时代的要求，高校可以在对现有学生工作管理队伍进行培训的同时，重点建设一支有计算机、互联网专业背景的大数据专业团队，专门负责大学生数据平台的建设、数据采集、分析和整理及相关培训工作。通过梯队建设和不断地培训，建设一支兼具学生管理能力和大数据处理能力的复合型学生工作管理队伍。

(三)建设一批保障型的学生工作管理制度

在享受大数据带来的海量信息和高效便捷服务的同时，也要清醒地认识到，大数据的急剧膨胀和数据滥用可能带来的威胁以及由此引发的伦理问题与法律问题。"信息垄断挑战公平，信息披露挑战尊严，结果预判挑战自由。"在大数据面前，每一个人都是透明的，其行为都会在网络上留下痕迹，通过数据存储、追踪和分析，能非常容易地了解一个人的所有信息，包括极其隐秘的个人信息。大数据的普遍使用，有可能暴露学生的隐私，使学生的个人信息安全受到挑战。学生的海量个人信息如果不能妥善保存，就有可能被他人利用，使学生受到伤害。因此，无论是大学生数据信息的收集、使用范围，还是使用权限，都应该建设相关的制度加以保障。高校学生工作要在确保学生个人信息安全的前提下，有效开展数据挖掘。高校还要建立和完善数据采集、管理、使用和决策的标准化流程，通过制度化来规划大数据的管理和使用。高校还可以成立相关部门或组织，监督和指导大数据的采集和管理人员，使其具备较强的安全意识和责任意识，做好信息保密工作。

大数据时代是高校学生工作不可回避的新浪潮和新环境，为学生工作带来了新的机遇。学生工作者应主动强化大数据意识，提高大数据的技术能力，利用大数据探索高校学生工作规律，提升高校学生工作的实效性，提高高校的人才培养质量。

第四节　重视柔性化管理，适应高校新人才培养概念

一、柔性管理的内涵

柔性管理理论来源于20世纪50年代兴起的现代管理科学，是其行为科学流派倡导的以人为中心的理念的发展，属于欧美现代经济管理科学的概念之一。柔性管理以柔的原则和软的控制为特点，它遵循的是人的心理和行为规律。实施柔性管理绝不能一蹴而就，而仅仅凭借制定几条纪律、制度和规定也是不可能实现的。比起刚性管理，柔性管理更讲求人文性，所以也被叫做人性化管理。

柔性管理是和刚性管理相对而言的，其实施的前提是遵循人的心理与行为规律，它的核心是非强制，工作途径不是通过强力外在约束，而是设法说服管理对象，把组织意志变成被管理对象的自觉行为。柔性管理一直以人的心理和行为规律为基础，旨在唤醒人的潜力、创造性和主动性，让人的尊严和价值得以彰显，满足被管理者的社会需求、心理需求和价值需求，最终要

实现的目标是人的自觉行动。柔性管理的实质是围绕以人为本、以人和人的需要来进行的管理。

社会的进步与人类文明的发展催生了柔性管理模式。这一模式让现有管理模式的积极成果得以继承,排除了其重大缺陷,是中西管理理念的融合,能够激发人类全部的管理潜质。柔性管理是和传统管理模式——刚性管理相对而言的,它发挥了人的柔性资源。这一管理模式对管理实践中的所有文化要素、伦理道德以及其他柔性特征都进行了研究,它深化了人们对现代管理活动(包括实践与认知)的认识,发现了现代管理活动的本质。柔性管理的特点是彰显管理中的人文性,实施的是伦理管理模式,与以工具理性为特征的企业文化和伦理相比,柔性管理更高一筹。企业文化是刚性管理的范畴,也是功利论的一部分,其前提是提高生产效率和效益;柔性管理则强调价值理性,约束工具理性,凸显企业文化的特质,它顺应了人类全面发展的要求,而发展成为一种独立的管理模式。这一管理模式的导向是伦理精神,原则是柔性运用,强调对人要尊重、理解和关心,注重社会秩序的维护,以创造自由、和谐空间为目标。柔性管理来自管理伦理和企业文化,通过持续发展壮大,已经展示出了巨大的作用和魅力。

二、柔性管理的主要特征

(一)以人为本的管理理念

柔性管理的对象是实实在在的人,并非抽象的人,人的情感、需求、欲望、思想和情绪等是必须一直被关注的。同时,柔性管理的对象并非孤立的,而是身处复杂的社会关系中的人,这些人必须不断地处理各种关系,包括师生之间、学生之间、学校与学生之间以及社会与学校之间的关系。与此同时,柔性管理者本身同样具有现实性和具体性,也必须要处理各种人际与社会关系。也就是说,柔性管理的对象和操作者都是具体的人,都围绕着人。在现实世界中,人从自我主体迈入交互主体、从我与它发展到我与你,柔性管理就这样在人的生活中发挥作用,并实现了管理的意义。

(二)管理方法灵活多样

柔性管理是根据企业管理的需要应运而生的,它在适应管理实践的需要和管理对象的变化中成长与壮大。在当代社会,互联网异军突起,成为"另类的沟通渠道"，对经济、政治和社会等方面产生巨大而深远的影响，同时也方便了大学生在网络空间里自由交流、了解社会与自然、构建自我与他者的新型关系。这一虚拟世界没有强有力的约束机制和有效的评价体系，蜂拥而来的信息必然影响和左右着大学生的道德观、价值观和行为模式。每一个大学生都是独立的个体，其思维方式、心理构成、价值观和情感世界都各不相同。所以客观上要求柔性管理能够针对他们的精神、思想、心理和行为等方面的差别，运用多样化的管理方法。

(三)稳定性和动态性统一的管理过程

柔性管理过程表现出稳定性和动态性相统一的特点。其一，社会经济的发展总是在影响和改变管理对象的思想、心理与行为。所以管理方法也要随着客观情况不断进行调整，来适应管理对象的内心变化，满足他们的内在需求，让管理方法和策略不落后于时代，柔性管理的动态性特征由此而来。其二，管理工作的实施要求保持相对稳定的管理团队、管理机构和管理模式，这就是柔性管理的稳定性特点。

(四)管理成果的塑造特征

柔性管理围绕着人来进行，关注人的心理、情感、价值观，作用于人的行为和外在表现等。运用柔性管理模式管理大学生，目的是创建优良的教育管理生态，打造健康阳光的校园人文环境，营造美好的校园学习和生活环境，激发大学生的学习积极性，让组织意志成为他们的自觉行为，实现大学生自我与他人的协作交流方式、自我与他人架构以及自我与组织架构等方面的良性转变。这样就会在管理效果上体现明显的塑造特征。

三、关于高校学生工作管理柔性化的系统思考

(一)确立柔性化管理的理念

1.科学发展

学生工作柔性化的管理理念的出发点是学生，能够把学生培养成才是最为重要的。只有将科学发展观和深化改革思想融入学生工作柔性化的管理理念，才能发挥柔性化管理的价值，真正人性化管理学生，塑造具有创新思维和创造能力的人才。

2.以学生为本

当今的教育要以学生为主体，让学生主动发展，而不是被动发展。要尊重学生的主体地位，积极展现学生的创造性、主观能动性，让学生能够积极主动地、有创造性地学习，具有独立思考的能力。只有以学生为本，视他们为教育、教学、管理的主体，尊重他们的主体性，学生工作的柔性化才能得以实施。

3.民主平等

民主平等要求高校学生工作管理者在日常管理中重视平等的原则，并且积极鼓励学生主动参与基本的管理决策，培养学生的民主平等意识。民主平等的观念是学生发展的内在需要，是落实学生主体地位的保证。在教育管理过程中，要坚持以理服人、发扬民主、尊重平等。另外，管理者的自身素质也必须得到提升。只有树立民主观念，充分调动学生参与，才能更加积极地发挥学生的主体性。只有每一个管理人员积极为学生创造平等民主的氛围，调动学生的积极性，发挥学生的主体性，才能切实地做好学生工作管理；同时，使学生能够畅所欲言，发挥学生群体智慧，培养学生合作精神，培养具有创新思维和创造能力的人才。

4.温情关怀

在学生工作管理中，努力创设"以情感人，以语化人"的氛围，积极对学生进行心理辅导，让学生正确认识现实的社会；并给予他们足够的帮助，让学生感知人文关怀、感受学校的温暖；鼓励学生积极主动提高自身竞争力、增强自信心，形成正确的人生观和价值观。

(二)坚持学生工作管理柔性化的基本原则

1.心理重于物理、内在重于外在的原则

大学生的行为管理根据具体手段的不同，大致可以分为两个方面：首先，是大学生行为的外在管理。大学生行为的外在管理包括许多方面，其中最主要的是校纪校规管理。为了更好地管理学生，许多学校制定了具有针对性的校纪规章来约束学生的行为。但很多情况下，这种强制性手段仅仅是对大学生行为的一种约束，并不能产生实质性的效果。其次，为了更好地实现学生工作管理，必须采用另一种管理手段，那就是学生的内在管理。内在管理注重学生的自我接纳，通过一定的手段，让学校的管理要求变成学生的自觉行为。常用的内心管理手段有很多，其中最主要的一种是激励。通过适当的激励，让学生养成自觉行为，有更好的自我管理意识。相较于外在管理，内在管理更持久、效果更明显，可以达到更好的学生管理效果，这将有利于学校学生工作管理的开展。

2. 个体重于群体、直接重于间接的原则

现阶段，学校制定的校纪校规、评奖评优政策，一般都是站在大众化的角度，它们所反映的是大部分人的价值观，但却没有考虑到个体的差异性。人是会思考的动物，每个人都因为接触的事物、人的不同，而形成不同的性格、价值观、人生观，所以需要区别对待，不应该简单地同等对待。现阶段的大学生由于来自不同的地区，接受不同的文化，自然存在个体差异，而且他们更加敏感，更需要区别对待。

所讲的直接重于间接实际上是针对柔性管理的，它属于一种管理方式，在一定程度上，个体重于群体是与直接重于间接共同存在并相互作用的。所讲的间接管理，实质上就是管理层运用媒体进行宣传教育工作。但是，从某种意义上讲，间接方式不具有针对性，也不够深入，如果用来管理大学生，就很难对他们进行区别对待。这种管理方式的显著特点就是为管理人员和被管理者提供了面对面交流的平台，也关注双方思想和情感的碰撞，因而能深入学生群体，精准把握，进而实现预见、发现并及时化解矛盾，防止矛盾被激化。

3. 务实重于务虚、肯定重于否定的原则

很多人有这样的想法：政治工作的实质都是虚的，是务虚方面的工作，因此对于大学生而言，开展有关思想政治方面的工作都是不真实的。针对这种现象，解决办法有两个：第一，要务虚，也就是做好相应的调研工作，然后根据所做的调研制订相应的方案；第二，要务实，积极通过实践去解决所发现的问题。务虚是必须要重视的，实际上大学生通常更注重务实，通过成功务实来验证务虚是正确的。

就事实而言，否定显然没有肯定重要。由于人都会有行为潜伏状态，实际上心与言、言与行通常具有不一致性。大学生所处的年龄阶段，使他们在心理以及生理这两方面言行不一的特征非常显著。但是他们只是想完成自己的学业、有好的人缘以及获得他人的认可或者是嘉奖，也就是想得到社会的肯定。所以，教师进行学生评价时，一方面要注意肯定学生的成绩，在明确是非观的同时增加他们的信心；另一方面要指出学生的不足之处，但是要以合适的方式讲，让学生去思考并接受教导。所以，辅导员或是班主任要及时鼓励那些进步学生，以此来增强学生的自信心以及提高他们的积极性。

4.执教重于执纪、身教重于言教的原则

如今的大学普遍推行学生自我教育、自我管理以及自我服务的教育方针，实际上这是充分利用了柔性管理的方法。执教方式有很多种，如言传身教、榜样树立、舆论宣传、私下谈心等。通过执教，可以更深层次地完成对大学生内心情感的培养、意志品质的锻炼和行为的改变，最终实现知、情、意、行的有机结合。这就要求管理者要有责任感，要有四心——耐心、爱心、细心、关心，以自觉性的启发为基础，并非靠纪律来约束。

对大学生的教育而言，在实践工作中被广泛运用的是言教，实际上取得最好效果的是管理者的身教。在教育实践过程中，身教不受时间、地点的限制，随时随地都可以进行，用行为来教导人，这样的教育是行之有效的。在柔性管理过程中，以身作则的作用是无可替代的，身教重于言教。"亲其师，信其道，循其步"，从某种意义上讲，这才是教育的最高境界。

（三）明确学生工作管理柔性化的实践内容

柔性管理涉及的内容可谓是多方面的，主要有心理、行为、环境、形象等各方面的管理，学生工作管理应从这些方面切入。

1.实践中的心理管理

柔性管理有效性主要是靠心灵互动实现的，教师和学生之间如果要建立感情，那么一定要以相互理解以及相互尊重为前提；教师以人格魅力和真诚打动学生是重点。心灵互动有利于师生在情感上产生共鸣；因为身临其境，所以才能体会被理解、被感激、被鼓舞的心情，进而推动工作、学习的前进。对于心理管理而言，在实际中，教师通常是运用情感教育、激励尊重、心理沟通以及舆论宣传等方式，强调的是润物细无声的教育方法，以对学生产生深远的影响，进而实现教育工作转化成学生自觉行为。

2.实践中的行为管理

对于柔性管理而言，行为管理指的是目标的可选择性。这一管理的重点是进行行为结果的衡量，看最大潜力是否与结果相匹配，到达学校的最低标准与否。对整个管理工作来讲，过程与目标并没有什么直接联系，过程有可能实现管理目标，但是也可能造成目标背离。教学过程中，如果管理过于细节化或严格化，可能产生负面影响，造成学生的逆反心理或是逆反行为。除此之外，管理应注意方向性和可行性。所谓的方向性实则是结果，也就是所讲的奋斗方向，也可以说是未来的目标。如果没有明确的目标或者是方向不正确，从某种意义上讲，不仅不能实现目标，甚至会让人们误入歧途。所谓的目标可行性，指的是恰如其分的目标，过高或是过低的目标都是不可取的，应该实事求是。另外，目标体系必须要完善，这是实现目标的前提。管理应该在总目标指挥下进行，将目标进行细化，系统地落到实处。所以，制定行为管理目标的时候，总目标应该以学生目标为组成要素，将两者的利益相结合。总而言之，只有学生完成了自身目标，那么学校的教育管理总目标也就真正实现了。

3.实践中的环境管理

事实上，管理也就是环境的维持，让群体在良好的环境中高效完成计划。从某种意义上来讲，主要是进行心理环境优化。教师的职责就是要进行心理环境探讨，把握好学生的心理以及行为环境，使用科学的管理方式，进而实现学生心理氛围的优化建设，实现高效管理。心理环境是动态发展的，会因客观环境变化而改变，新心理环境产生进而导致新行为的产生。因此，要关注学生心理状况并展开成因分析，通过控制状态改变学生行为方式。

4.实践中的形象管理

在教育过程中，形象管理的含义是教育管理人员需要凭借自己的人格以及专业能力对学生形成典范和约束效果，从而达到教育的目的。在对现代大学生进行具体教育的时候，教师更多的是采用言教，而事实表明身教的效果更好。改革开放总设计师邓小平曾讲："搞精神文明建设，最主要的是以身作则。"不管在什么时候、什么情况下，身教通过行为引导的方式进行启蒙教育的效果都是非常好的，然而这也只是实现了初级阶段的教育。教师若以身作则，就会对学生产生非常重要的影响。然而，要达到身教最理想的状态，教师必须要提高自身综合能力，不断提高自身的影响力，努力使自身具备较强的思想道德素质、高尚的职业道德素质，加强自身的专业知识水平，在大学生中树立一定的教师威信。与此同时，教师还要时刻警醒自己，不要做损害自身教师形象的事，例如具体管理过程中的决策失当、不稳重、行为随意，自身道德品质方面的媚上鄙下，文化学识上的弄虚作假、空谈虚伪等。

第五节　提高服务意识，以服务学生理念创新高校学生管理制度

一、构建"三全"服务系统

构建"三全"服务系统，是基于服务理念的高校学生工作管理的有力保障。"三全"服务，即全员服务、全过程服务和全方位服务，分别从人员结构、时间和环节、内容和方法上为高校学生工作管理提供有力支撑。

(一)强化教职工服务学生职责,实现全员服务

所谓"全员"主要包括学生工作管理系统的人员、与学生事务相关部门的工作人员及学生本人。全员服务是指调动一切可以调动的力量，组成全员参与、分工协作、责任清晰的服务群体，形成目标一致、要求一致、管理严密的育人工作管理体制。就人员结构而言，传统观念往往视学生工作管理系统的人员为学生工作管理者。但是，学生工作管理不是一种单一的工作，学生的成长也不可能靠某个机构及特定的人员就能完成。随着学生工作管理范围的日益扩大，学生工作管理的难度也在不断增加，这客观上要求学生工作管理必须具有全员性。只有把学生工作管理系统的人员、与学生事务相关部门的工作人员及学生本人组织起来，形成整体的服务阵容，才能形成合力，推动学生成长成才。高校学生工作管理当务之急是要将分散的工作职能凝聚起来，将分散在不同部门、与学生工作管理密切相关的事务重新进行整合。此外，整合校内外资源，重视利用和发挥校内外的专家、学者和校友的作用，为学生提供更加专业的指导和服务也非常重要。

(二)制订服务学生的整体方案,实现全过程服务

如果说全员服务是从人员结构上对学生工作管理的服务体系进行阐述，那么全过程服务则体现在时间和环节上。全过程服务指学生工作管理者根据社会对学生的素质要求和学生自身成长发展规律，分阶段、分层次、循序渐

进地对学生进行教育、管理和服务。高校要制订服务学生的整体方案，根据不同年级、不同专业以及不同性别学生的特点，由低到高，由浅入深，循序渐进地进行分类指导。学生工作管理者要将工作当作不断发展的过程，动态地对待学生的成长与发展。一是要按照不同年级制订整体方案。对大学一年级新生，管理者的工作重点是在引导其适应大学生活、做好生涯规划、学习如何与人交往及文明行为习惯的养成等方面；对大学二年级、大学三年级的学生，管理者的工作重点在培养学生"三自"的能力，引导学生合理安排时间、做好职业规划等；对毕业班的学生，管理者应该把重点放在职业咨询、就业指导和社会适应能力的培养方面。二是要在整体方案中突出特色和个性。服务学生的方案不是一成不变的，要根据不同专业、不同性别学生的特点，有针对性地开展服务。例如，在对女大学生服务的整体规划中，应根据不同时期女大学生的心理变化，添加她们需要或者感兴趣的内容。在刚入校时，管理者可以引导她们树立正确的价值观，加强自我防范与自我保护意识；在毕业前，管理者可为女大学生提供着装搭配、求职就业等方面的培训。

(三)构建蛛网式服务系统,实现全方位服务

全方位服务是将服务理念渗透到学生工作管理的方方面面，运用于教育、管理、科研及党团建设等各个环节，形成全方位、多角度和多层次的蛛网式服务格局。一要坚持学生工作管理内容的全面性。深入学生日常学习和生活的各个方面，从学生入校前后的招生咨询服务和入学指导服务，到日常生活、思想引导、学习辅导、经济资助、身心发展服务，直到毕业前后的就业指导、后续发展等服务。二要坚持学生工作管理方法的全面性。要结合校园网络、校报、广播等媒体的宣传和支持，引导、帮助学生解决问题。此外，整合学校、家庭、社会等多种教育、管理和服务资源，调动一切可以调动的力量，服务学生的成长成才。三要根据不同学生的个性特点开展个性化服务。由于家庭出身、生活经历、性格爱好等方面的差异，不同学生呈现明显的个性化需求。在开展学生服务工作时，就必须从学生个体的特殊性和差异性出发，既要实行全面性服务，又要重视个性化服务。

二、打造高效便捷的服务平台

在学生工作管理中，能否满足学生的需求，是考验一个平台是否适应学生工作管理发展的重要指标。笔者在调查访问中了解到，学生最需要的是学

业指导、心理咨询、就业创业指导、困难帮扶和法律咨询等方面的服务。所以，笔者认为，搭建大学生日常学习指导交流中心、心理健康教育与咨询中心、就业创业指导服务中心、困难帮扶中心、法律援助中心等平台，是高校学生工作管理的重要渠道，势在必行。

(一)创建大学生日常学习指导交流中心

学生到学校是来学习的，不仅要让学生成长成才、受到良好的教育，而且要为他们提供优良的服务。为此，建立大学生日常学习指导交流中心，为学生提供学业指导服务是十分必要且非常迫切的。首先，要选拔和调动一切专业技能强、业务水平高的教师或辅导员到该中心轮班和定期或不定期走访，为学生答疑解惑。特别是要帮助学生解决好"为何学习""如何学习"等问题，搭建师生间真诚沟通的桥梁，以人性化的教育方式引导帮助学生树立明确的人生目标，克服学习生活中的困难，促进学生身心全面健康发展。其次，传统教育与现代手段相结合，激发学生学习兴趣。借助学习指导交流中心，总结并普及规律性的学习方法，引导学生充分利用现有的教学设施和资源，充分利用好图书馆，通过网络、电视、新闻和广播等多种途径获取知识，不断激发学生学习的主动性和积极性。此外，还可以定期组织学习交流会和学术研讨会，邀请院系成绩优秀、表现优异的同学到中心参与互动，分享自己的学习方法和心得；定期举办学术研讨会，培养学生的创新意识和创新能力，提高他们的学习兴趣和科学研究能力。

(二)完善大学生心理健康教育与咨询中心

随着中国政治、经济和文化的不断发展，社会的巨大变迁给学生心理造成较大冲击，学生学习、就业压力的不断加大，大学生的心理健康问题已然成为新时期高校学生工作管理的热点和难点。建立健全大学生心理健康教育与咨询中心，配置专业人员，组织开展心理健康教育，提高学生心理素质，显得尤为重要和紧迫。

1.要全面了解学生心理特点,有针对性地提供服务

根据学生在不同学习阶段和年级的心理需求以及存在的主要问题，有的放矢地开展心理健康教育工作。针对新生，一是发放新生入学手册，该手册应包括新生入学心理调适的方法等内容，有助于新生较快地适应新的环境；二是在新生中开展心理健康普查，并积极开展朋辈心理辅导。大学二、三年

级学生的心理健康教育的重点，是引导他们掌握心理调适的方法和技能以及如何处理好学习成才、人际交往、就职就业等方面的问题。大学四年级学生的心理健康教育，要配合就业指导工作，指导学生准确定位并认清自己的就业方向，做好就业的心理准备。为了预防和避免个体心理突发事件，心理中心应定期收集需要特别关注的学生动态，建立相关的信息档案库，结合学生的心理特点，研究制订针对性强的帮助方案，确保每一位学生都得到及时有效的心理援助和咨询服务。

2.要以多样化的特色活动为契机,传播心理健康教育知识

通过举办特色心理健康教育活动，不断提高大学生的心理素质，强化广大师生关注心理健康的意识，营造互助关爱的和谐校园氛围。如定期举办专家心理讲座、知识板报展览、新生格言竞赛、心理影片展播，开展各种形式的心理教育、团体心理训练、咨询服务、心理治疗等，强化师生心理健康意识，营造互助关爱的校园环境。尤其要帮助有关学生树立积极的心态、解除心理困惑和压力、积极接受或主动自我调适、增强情感适应、树立交往和竞争的自信心等，从而使其以完善的人格、健康的心态走向社会。

3.要加强心理健康教育队伍的建设,不断提高咨询师的专业水平

确保学生心理健康，是一个具有挑战性的工作。学校心理健康教育队伍是一支不容忽视的力量，学校要努力在生活、学习、职称、待遇等方面为有关工作者创造条件，帮助他们不断提高心理辅导技能，让他们积极主动、心情舒畅地投入工作。加强心理健康教育队伍建设，是不断提高学生心理健康水平的前提条件。不断加大对有关工作者心理学知识和心理辅导技能的培训力度，引导越来越多的学生工作管理人员主动学习心理学知识和技能，主动参加心理咨询师资格认证考试，为心理健康教育与辅导工作的开展提供有利条件，让他们在普及宣传心理知识、预防心理疾病、协助做好心理异常学生的治疗等方面发挥作用。

(三)升级大学生就业创业指导服务中心

随着高等教育大众化进程的加快，大学生就业难的问题日渐突出，现已引起社会各界的广泛关注，并成为制约高等教育事业发展和影响社会稳定的一大因素。因此，如何完善毕业生就业服务体系，怎样充分发挥大学生就业创业指导中心的作用，在当下显得十分重要和紧迫。解决大学生就业难的问题，当务之急是完善学校就业创业指导中心的服务功能，有关人员要采用"走出去、请进来"的方式，给予学生更多、更实、更好的指导与帮助，多做实事，少说空话，切忌在学生就业率上欺上瞒下、弄虚作假。否则，学校的服务只会让学生感到虚无缥缈，只能让他们心灰意冷。

1. 要根据不同年级选取不同内容

根据不同年级学生的具体情况，应将职业与就业辅导内容进行合理的划分：大学一年级学生的辅导内容应结合新生入学教育，主要由各院进行相应的专业介绍，帮助学生了解本专业方向、今后可能的职业方向和相关职业必备的职业素质；大学二、三年级学生的辅导内容应侧重于对自身、职业、职业生涯和社会环境、职业环境的认识，帮助他们客观地认识自己、了解社会；大学四年级毕业生的辅导内容应主要对他们进行决策技巧和就业技巧的指导，如如何准备个人简历、应聘面试技巧、如何维护自身的合法权益、如何作出科学的选择等，帮助他们提高求职能力、适应能力，使他们能够更快地寻找并选择适合自己的职业。

2. 要根据不同年级选取不同方法

对大学一年级新生要把入学教育和专业教育结合；对大学二、三年级学生应以校级任选课程为主渠道，结合就业形势系列讲座和个别就业咨询服务，拓宽他们接受职业与就业辅导的途径，充分调动学生主动接受就业指导的积极性；对大学四年级学生应主要安排模拟招聘、当年就业态势讲座和个体就业咨询，从大规模的集体就业辅导到个体单独的就业咨询，以有效地帮助他们了解最新的就业信息、掌握实际的求职技巧，并且在遇到困难时可以获得教师科学的帮助。

(四)健全大学生困难帮扶中心

随着办学体制多元化和收费制度的改革，困难生的帮扶工作已经成为学生工作管理的重要内容。

1. 要以物质资助和精神激励为主线,促进学生全面成长成才

"扶贫先扶志"，在学习用品、生活质量等方面，家庭困难学生处于弱势地位，心态容易出问题，需要学生工作管理者多关心、多了解，及时帮助他们解除困惑，引导他们克服自卑心理，树立正确的世界观、人生观和价值观，鼓励他们以自己的力量积极主动地战胜困难。

2.要建立健全困难生认定机制,实现静态与动态管理

学校根据教育部、财政部以及当地教育主管部门下发的指导意见,确定家庭经济困难学生认定工作的基本原则,制定和完善符合本校实际、科学合理、严格规范的家庭经济困难学生认定办法。首先,在学校资助工作领导小组指导下,各学院、各年级、各班级也相应成立认定机构,为有组织、有计划地开展家庭经济困难学生认定工作打下了良好的基础。其次,建立家庭经济困难学生谈话制度和家庭经济困难学生信息库。辅导员通过和学生及其周围同学谈话,初步摸清学生的家庭经济状况,并建立家庭经济困难学生数据库。随后,采取电话调查为主和实地走访调查为辅的方式,定期了解学生的家庭经济变化情况,并及时作出变更。通过静态与动态管理相结合的工作方式,确保家庭经济困难学生的信息准确健全、及时更新,为后续资助工作的开展奠定良好的基础。

(五)建立健全大学生法律援助中心

随着社会法治的不断进步和学生维权意识的不断增强,如何为学生提供权益维护服务,成为现时高校学生服务工作的新议题。建立健全大学生法律援助中心,以专业法律人士为骨干,以法律专业学生为基础,以法律协会为依托,积极为学生提供法律咨询和援助,帮助学生解决法律问题、调解法律纠纷,保障和维护学生的正当权益。中心可设置法律咨询热线及信箱,收集学生身边的法律问题,然后将各种问题分类处理,请教专家或律师答疑,并做好与学生的互动交流。

三、完善服务学生工作管理保障机制

完善服务学生工作管理保障机制是保证学生工作管理得以正常、有序进行的必要条件。其要素主要包括制度保障、物质保障、环境保障等,各要素之间相互影响、相互补充和相互促进,虽然各自功能和作用不尽相同,但目标却殊途同归,都是为学生工作管理提供保障的。

(一)制度保障

建立健全服务学生工作管理制度,旨在实现服务学生工作管理常态化和长期性,对于构建基于服务理念的高校学生工作管理保障系统有着举足轻重的作用,是规范和落实学生各项权利、义务和责任的重要条件。古人云:

"凡事预则立，不预则废。"科学的服务学生工作管理制度，是维护学生合法权益的前提条件。如果无章可循，服务学生便是一句空话，教育学生履行义务，就是无稽之谈。因此，建立健全科学的服务学生工作管理制度绝不是一件可有可无的事情，必须在思想上高度重视，在工作上不断加强、完善和狠抓落实。这样，才能使服务学生工作的理念深入人心、落到实处，从而形成学生工作管理"有所为有所不为"的充满活力的局面以及有序、和谐和稳定的学生工作管理氛围。一般来说，基于服务理念的高校学生工作管理制度的建设，可以分为宏观和微观两个方面。

1.宏观制度

宏观制度是指党中央和国务院颁发的有关高校学生工作管理的纲领性文件以及教育主管部门制定和颁布的有关学生工作管理的行政规章、制度、条例等。如《关于进一步加强和改进大学生思想政治教育的意见》，这个文件的内容涵盖了高校学生工作管理的指导思想、主要任务、教育原则、教育途径、教育方式等方面，提出了许多新观点、新任务、新目标、新措施和新要求，是做好新形势下高校学生思想政治教育工作的纲领性文件。再如《普通高等学校学生管理规定》《高等学校学生行为准则》以及《普通高等学校学生安全教育及管理暂行规定》等，是高校制定本校学生工作管理行为规范、学生纪律、日常管理、奖学金评定等制度的主要依据，是新形势下指导高校服务学生工作的基础性文件。党和政府及教育部门制定的制度，在维护学校正常的教学秩序、生活秩序和为学生事务管理提供有力保障等方面，都有着非常重要的作用。通过约束和修正学生的行为，建设学生活动场所，如组织活动、提供学术和非学术性咨询服务等，教导学生主动承担责任，自觉履行义务，养成健康向上的生活方式。

2.微观制度

所谓微观制度是指在中国现行教育体制和环境条件的制约下，学校和院（系）或班级为实现某种目标或解决某项问题，有针对性地编制的规章制度。微观环境的制度建设有利于推动校风、院（系）风、学风和班风建设，是高校宏观制度的细化与补充。一般来说，微观的学生工作管理制度系统，应联系招生就业、学生日常思想政治教育、学生行为管理和学生服务等方面的实际，建立健全校级学生工作管理制度、院（系）的学生工作管理制度、班级管理制度、辅导员管理制度和班主任管理制度等，为学生工作管理的整个系统运行提供条件和保障。

(二)物质保障

高校学生工作管理是一个复杂的系统，各个环节都需要一定的物质支撑。学生工作管理的物质保障至少包括两个方面，即经费保障、软硬件设施保障。如果把学生工作当成一台机器，那么学生工作经费则是燃料，是保证学生工作良好运转的基础。

1.经费保障

高校普遍存在"重科研教学，轻学生工作"的现象。用于学生服务方面的经费是不足的，这与高校学生工作管理的地位、作用很不相称，不仅妨碍了高校学生工作管理服务体系的建设，还制约了服务质量和服务效率的提高。按照加强服务、转变职能的要求，高校应加大费用投入力度，并在年度预算中划拨整个学生工作管理服务体系运作所必需的经费，用于学生工作管理部门开展日常思想政治教育、学生管理、学生服务的自身建设，思想政治教育工作专项课题研究，思想政治理论精品课程的建设，大学生素质教育基地建设，学生工作队伍的建设以及全员育人的评选和表彰等事务。学校应当多渠道筹措资金，如积极争取国拨专项经费和地方财政拨款；同时，整合社会资源，争取更多的社会捐赠，如校友、企业领导者和社会名流等在学校设立助学金、奖学金和科研基金。高校建立专门的筹资机构，利用社会资源在法律允许的范围内积极进行市场运作，寻求社会各界的财力支持，为高校学生的科研、奖贷困补等工作提供充实的资金保障。同时，要加强经费管理和监督，做到科学划拨，合理开支，严防浪费。具体来说，应遵循四个原则：

一是专款专用。学生工作管理经费主要用于奖励优秀学生和资助困难学生，是按学生总人数的一定比例提取的，必须专款专用，不得巧立名目，挪为他用。

二是合理立项。学生工作管理经费主要包括助学金、勤工助学金、特殊困难补助、学费减免等；学生奖励项目主要有学校奖学金、单项奖学金等；其他学生经费项目还有少数民族补助、学生活动经费、班主任补贴等。要本着科学合理的原则，依据上级有关规定，结合本校的实际需求，有项则立，无项则免。

三是民主公开。民主公正、公开透明，接受学生监督，是管好、用好学生经费的重要措施。所有经费如何立项，怎样开支和履行手续等，都必须深入调查研究，充分听取意见，然后由有关部门提出预算计划方案，再由学校集体讨论决定，绝不能搞暗箱操作或少数人说了算。

四是加强监管。管理学生工作经费，应本着"分级管理、相互监督"的原则，做到科学管理，合理开支。无论是学校财务处等职能部门，还是学生工作部（处）、团委和各学院（系）等执行单位，都必须"守土有责"，廉洁奉公，自觉遵守财务纪律，不得滥用职权，随意开支。对违反财务规定的行为，都必须坚决抵制。该花的钱，一分不能少；不该花的钱，一分也不能用。只有这样，才能取信于学生，学校才能在公众中树立良好的形象。

2.软硬件设施保障

高校应高度重视学生工作辅助设备和硬件设施的建设，应将学生活动场所和学生工作场所的基本设施建设列入学校建设总体规划，改善校园生活环境，实施校园绿化、美化、亮化工程。同时，还要增加学生工作管理设备、设施的投资力度，改善服务环境，建造设施完备的学生事务服务中心，配置快捷校园网络平台，为学生提供精细化、速度化服务。

(三)环境保障

充分发挥社会环境、家庭环境的辅助作用，构建家庭、社会、学校三位一体的高校学生工作管理立体育人的环境。为此，应加强三个方面的工作：

1.充分开发校友资源

校友资源是人、财、物相结合的综合性资源，可为高校学生工作管理提供人才资源和智力支持，又可带来财力、物力的保障。校友是高校服务型学生工作管理的重要支持力量。要注重校友资源的开发，要加强与校友的信息沟通，在学生在校期间，就要加强与学生的感情维系；同时，要加强在校生与校友的互动，使校友与在校学生可以共同探讨校园精神文化的传承和延续。

2.充分利用家庭教育的辅助作用

加强建立高校和学生家庭联系的工作机制，成立家长委员会，就学生成长成才过程中出现的问题开展共同探讨，提出加强和改进学生工作管理的意见和建议。同时，加强与学生家长的沟通、协调工作，与学校教育引导形成合力。

3.社会专业人士的支持

要结合专业、学科特色，积极争取社会专业人士参与学校的教学及对学生的指导，使学校的专业教育、素质教育与社会教育有机结合，为学生工作管理运行提供有效的社会环境支撑。

四、创建专业服务队伍

走专业化、职业化、优质化道路，既是培养社会主义现代化建设合格人才的必然要求，也是加强和改进高校学生工作管理队伍建设的必然趋势和根本保证，是由新时期高校学生工作管理的新问题、新矛盾和新情况所决定的。没有一支过硬的队伍，学生工作管理就难以适应新形势、新任务和新需求。目前，四个方面尤其值得有关方面重视：

（一）坚持高标准选人原则，严把学生工作管理者入口关

一名合格的学生工作管理者既要具有专业知识，又必须有扎实的理论功底，能够掌握心理危机干预技巧、职业测评技术等相关知识和技能。同时，高校学生工作管理队伍也是高校培养的具有一定管理能力、富有团队合作精神的高素质业务骨干和党政管理干部的后备力量。所以，必须严格按照政治强、业务精、作风正、素质高的要求，慎重选聘学生工作管理者。

1.严格掌握学生工作管理者的任用标准，做好学生工作管理者的选拔任用工作

申请从事学生工作管理的人员应具备的素质：有一定的政治理论素养，作风过硬，热爱学生工作，系中共党员；文字和语言表达能力强，有一定的组织协调能力和社会活动能力，有学生工作管理的经历；必须具备大学本科（全日制）以上学历、学士以上学位。

2.重视学生工作管理者来源的广泛性

既要吸收外校优秀应届毕业生，也要注意选用本校的优秀应届毕业生，保持学生工作管理队伍的动态平衡。因为新陈代谢，吐故纳新，是自然界的客观规律。学生工作管理要想有活力，就需要一支朝气蓬勃的学生工作管理队伍，而学校内部和学院之间的合理流动，可以促进学生工作管理者的相互交流、学习借鉴、技能提升和良性发展。学校要根据学生工作管理发展的需

要和方向，支持、鼓励和推动学生工作管理者不断学习，为打造专业性和职业化的学生工作管理队伍打下坚实基础。

3.学生工作管理者的选拔要与专业教师引进培养相结合

这样能保证，在学生工作管理队伍相对稳定的情况下学生工作管理的自身发展和正常流动，并使学生工作管理队伍不断充实新生力量。

(二)加强专业化管理,提高学生工作管理者自身素质

1.加强职业化管理

一是树立良好的职业形象。高校学生工作管理者必须身体健康，朝气蓬勃，脚踏实地，求真务实，勇于进取。二是树立崇高的职业理想。要有"把职业当事业，把事业当生命"的志向；还要有实现从"职业者"到"专业者"过渡的胆识以及由"专业者"到"专家学者"转变的勇气。三是加速职业技能的培养。在实践中不断提高调查研究的能力、思想宣传的能力、组织协调的能力和解决问题的能力。

2.加强专业化培训

学生工作管理目前虽然还不是一门独立的学科，但其工作对象不尽相同，工作条件千差万别，工作内容错综复杂，工作时空变幻莫测，这就决定了学生工作管理者必须是"杂家""通才"，必须在实际工作中能够综合运用思想政治理论、管理学、教育学、心理学以及相关自然学科的知识。没有广博的知识和必要的工作技能，要么事倍功半，效果不佳；要么一事无成，事与愿违。所以，应通过有效的培训，让学生工作管理者形成蛛网式知识结构，掌握现代化的工作方法和手段。

(三)整合资源,打造专业服务队伍

高校学生工作管理队伍，是高校培养的具有一定管理能力、富有团队合作精神的高素质业务骨干和党政管理干部的后备力量。作为一名合格的学生工作管理者，既要有扎实的理论功底，又要有丰富的实践经验，能够掌握心理危机干预技巧和职业测评技能等。

1.建设一支专兼结合的学生工作队伍

根据学生工作管理现状，应对辅导员实行分层管理，即学生咨询服务工作者由学生工作处或团委直接管理；对负责学生党团工作、思政教育以及本系学生相关活动等工作的人员，实行双重管理，即院（系）与学工处共同管

理。这样做可以加强辅导员与学院其他老师之间的纵向交流、横向沟通，增进相互了解，扩大相互联系，从而为辅导员有的放矢地开展学生工作奠定基础。因此，可以从行政人员、任课老师、学生中选拔一批热爱学生工作、热心、有责任心的教职工或高年级同学担任兼职辅导员或班主任，形成齐抓共管的机制。同时，要进一步加强心理健康教育与辅导中心的专职师资力量建设，配备一定数量的具有硕士以上学历的专职咨询师。此外，要不断壮大兼职心理咨询队伍的力量，鼓励辅导员向心理咨询职业化、专业化、专家化发展，为他们的成长成才创造条件。

2.加强职业指导师资队伍建设

唯物辩证法认为，事物是发展变化的。要适应新的形势和新任务的要求，就必须在实践中不断完善和提升自我。把好职业指导师资队伍入口关，只是"万里长征的第一步"，更重要的是要加大培训力度，不断提高就业指导教师的整体素养。而这是一个长期而艰巨的任务，必须在思想上高度重视，在工作上常抓不懈，在措施上有条不紊，在方法上灵活多样。从笔者调研的情况看，举行讲座，开展讨论、参观、交流等活动，是许多高校提高就业指导教师素养行之有效的路径。

(四)加强培训,保证服务队伍与时俱进

学生素质及其需求上的多元化，决定了学生工作管理者必须是知识上的"杂家"，工作上的"万金油"。

1.抓好岗前学习培训

新上岗的学生工作管理者，要加强教育学、心理学、管理学、政治学的学习，学校要充分发挥专家、经验丰富辅导员的积极作用，为新同志配备指导教师，开展传、帮、带活动，培养年轻一代的辅导员尽快熟悉工作、进入角色。

2.抓好在职学习培训

高校学生工作管理面临着各种新情况和新要求，要成为专业化、专家化、职业化的学生工作管理者，需要加强培训、交流和多岗位、多部门的锻炼。学校教育主管部门可以依托国家或地方的资源，组织境内外的考察、交流和专题培训，也可以依托辅导员培训基地，开展学历学位培训和专业技能培训，通过组织研讨会、论坛、挂职锻炼等方式，加强不同高校学生工作管

理者之间的交流。学校要根据岗位特点和工作需要，对在职人员分类制订培训计划，实行挂职锻炼或集中进修培训，提高学生工作管理队伍的思想政治素质和业务水平；辅导员要发扬挤和钻的精神，加强学习，搞好调查，争取科研项目，强化科研能力，这是学生工作管理队伍知识化、专家化的有效途径。

五、实现学生"三自"

大学生的自我教育、自我管理和自我服务（"三自"）主要是指大学生根据社会发展的客观要求和自身成长成才的需求，运用科学的管理方法，开展的一系列以完善自我为目的的认知和实践活动。实现学生的"三自"是学生工作管理的最高境界，是高校学生工作的教育、管理和服务的必然趋势与理想状态，也是学生工作管理不断完善、不断发展的阶段性目标。学生要实现"三自"，就应根据学校教育培养目标的要求，在教育者的指导下，运用现代科学的教育、管理、服务方法，对自己的思路和行为进行自我调节与自我控制。这既是学生自行决策、组织、实施的一种教育方式，也是学生对自己进行设计规划、管理约束、潜能开发及基本素质培育的过程。

（一）加强引导，让学生学会"自转"

从自然规律看，在太阳系中所有的行星无论距离太阳远近，都按照各自不同的轨迹，围绕太阳进行公转和自转。大学生的"自转"，是指学生根据国家培养、社会发展要求，自觉主动调整自己的发展方位，通过自我教育、自我管理、自我约束和自我服务，逐步实现"自转"的过程。

1.要帮助学生掌握"自转"的方法

一是培养和增强学生的独立意识，凸显学生主体地位，调动学生"三自"的积极性和创造性。避免保姆式教育，逐步消除学生对家庭、社会和学校的依赖心理，使学生更加自尊、自信、自立和自强。二是增强学生自省、自制和慎独的能力，营造学生为自己的行为负责的环境和氛围。通过科学的引导和严格的管理，让学生真正认识到对自己负责的重要性，树立和培养他们管理自己、管住自己和管好自己的意识与责任感。这是学生将学校、社会、家庭和个人对自身培养目标的要求和学生工作者围绕这些目标对学生实施教育、管理和服务的行为，内化为对自身在教育、管理、服务和发展方面要求的过程。在这一过程中，学生对自己的行为要负责，对由自身行为引发的问题的责任，教育管理部门可以通过协议、承诺书等形式加以明确，以校纪校规的形式加以规定。从另一个角度看，学生自身行为引发的问题交给学生处理，作为学生工作管理者只是起到引导、指导、咨询和协调的作用，这样就可以缩小教育、管理空间，提高教育、管理与服务的效率。三是通过各种渠道和方式，帮助大学生树立正确的世界观、人生观和价值观，形成高尚的道德情操和良好的心理素质。深入学生，了解他们的所思所想所需，有针对性地帮助和引导他们处理好学习与实践、交友与择业、身体与心理等方面的具体问题，提高认识水平和精神境界。引导学生反思人生，让学生回顾、思考、评价自己过去的言行，思考和自我总结，丰富和完善自我。四是加大学生工作管理透明化进程和宣传力度。让学生能够清楚地看到学生工作管理到底包含哪些方面的内容以及自己的权利与义务，将学生工作管理清晰化、步骤化、流程化和透明化，坚守校报、广播、宣传栏等传统媒体不放松，合理运用如校园网、移动设备等新型媒体，让学生更加了解自己，更加了解学生工作。

2.创造学生"自转"的条件

高校要为学生"三自"提供参与实践的机会，打造学生参与自我管理和自我服务的平台。大学生自我管理是通过学校提供各项学生工作管理岗位、搭建的学生组织平台来实现的，如勤工助学岗位、社会实践团队、学术研究团队、创新创业团队，各学生干部组织、学生社团组织、学生自管委员会、学生创新实验室和工作室等。这有助于提升和培养学生自我管理的能力，主要体现在三个方面：一是有利于培养学生的生活自理能力。引导他们逐步摆脱依赖和依附学校、教师和家人的心理，树立独立生活的意识，为将来走向社会打下坚实基础。二是有利于培养学生的自主学习能力。激发学生学习的主人翁意识，变"要我学"为"我要学"，不断增强社会责任感和历史责任感，强化学习的内在动力。三是有利于培养学生的社会活动能力。从高等教育发展规律和实践的角度看，学生的成长成才，只有通过自己的主观努力和积极实践才能实现。无论是知识的获得，还是能力的培养，或是良好行为习惯的养成，都是在"内化于心、外化于行"的基础上，通过自我调节和自我控制不断提高社会实践活动、组织策划管理与人际交往等方面的能力。

(二)健全机制,激发学生乐于"公转"

"公转"是指大学生参与学校的教育、管理与服务工作,在进行自我教育、自我管理和自我服务的同时,也教育、管理和服务他人。学生既是"三自"的主体,同时又是"三自"的对象。学生工作管理者要了解和认识大学生的个性与特性,尊重学生身心发展特点和成长成才的发展规律,不断满足学生各个方面的需求,促进和引导他们向更加积极、健康的方向发展。传统的学生工作管理通常视学生为教育和管理的对象,在内容上偏重对问题的管理,重事后管理,轻日常教育、预防和引导,以学生不出问题或少出问题为原则。过分强调学生在接受教育和管理方面的统一性与自觉性,忽视了为学生的成长和发展创造条件、搭建平台。凡此种种,都不利于学生"公转"。

1.建立健全参与学生工作的激励机制

一是要制定公正、合理的选拔制度。鼓励更多学生参与学生工作管理,争取让学生工作管理的每一个环节都有学生参与。选拔一批思想觉悟高、学习成绩好、工作能力强和服务意识高的学生参与学生工作管理,改变学生在学生工作管理中的被动和从属地位,学生工作管理的事务性工作让学生自己制定规则,自己决策并完成。思想觉悟高是做好学生工作的前提,只有思想认识到位了,才能更有效地指导实践,才能协助学生工作管理者做好学生思想教育和管理工作;学习成绩好是搞好学生工作管理的保证,学生在校期间的主要任务是学习,在搞好学习的同时参与学生工作管理是对学生能力的锻炼;工作能力强是更好地为学生服务的保障,良好的人际关系处理能力、组织协调能力、实践操作能力和沟通能力是提高学生工作管理效率与效能的必要条件。在这种模式中,学生既是教育者、管理者和服务者,又是教育、管理和服务的对象。学生在这种角色转换中不断地提升自我教育、自我管理和自我服务的意识,增强自我约束、自我管理能力,提高教育他人、监管他人和服务他人的责任与信心。二是要制定激励机制。对于表现突出的学生予以奖励并广泛宣传,一方面,有利于调动他们参与管理、服务学生的积极性,将更多热情投入学生管理工作;另一方面,可以吸引更多的学生关注甚至参与学生管理工作。三是要充分尊重和听取广大学生对学校教育、日常管理和引导服务的建议,根据学生的意见和需求不断调整工作方向与重点,优化学生自我教育、自我管理和自我服务的目标,促进学生全面发展。

2.培养一支有能力、敢担当的学生骨干队伍

学生骨干包括在校、院（系）学生会、团委、分团委担任职务的优秀学生，院（系）党支部、班级党支部、党小组的学生党员以及班级班干部、团干部等。学生骨干队伍是高校学生工作管理队伍的重要组成部分，是辅导员、班主任的左膀右臂和得力干将，在引导学生的自我教育、自我管理和自我服务中担当重任，在各项活动中发挥着积极作用、表率作用和核心作用。随着学分制的推行和在高等教育大众化的历史背景下，高校学生骨干愈来愈成为学校各项工作不容忽视的一大力量，发挥着重要作用。一要发挥学生党支部作用，充分体现学生党员的先进性。加强对学生党员的教育和管理，提高学生党员自身素质，树立学生党员在学生中的良好形象。发挥学生党员作用，自觉维护学院的教学、管理和生活秩序。突出团组织的教育功能，不断提升青年学生的综合素质。党支部根据青年特点，服务学生成长需要，帮助和指导团总支不断优化常规教育活动，探索生动活泼、扎实有效的活动新载体，营造良好的校园文化氛围，丰富学生的课余生活，同时发挥学生特长，培养学生创新能力，促进学生全面发展。二要充分发挥学生会、社团联合会等学生组织的作用，让学生组织成为学生真正的家。学生组织根据学生需求和学院要求，在学院团委的指导下，自主开展工作和活动。通过实践活动，使学生干部得到进一步的教育、培养和锻炼，不断发挥引导学生自我教育、自我管理和自我服务的作用与功能。学生会、社团联合会等学生组织是一个方便学生成才与发展的服务机构，其既为学生处理相关事务提供便利，又营造了一个规范、和谐、有利于学生发展的空间，让学生的个性发展和学校的规范管理相协调，让学生在接受管理和服务的过程中感受和谐、体验成长、接受教育。

参考文献 reference

[1]潘懋元，邬大光.中国高等教育办学模式的变化与走向分析[J].教育科学研，2001（1）：16-20.

[2]王显芳.十年来我国对美国高校学生事务管理研究综述[J].比较教育研究，2006，3（3）：65-68.

[3]储祖旺，蒋洪池.高校学生事务管理概念的演变与本土化[J].高等教育研究，2009（2）：86-90.

[4]卢文忠，储祖旺.论中国特色学生事务管理模式的构建[J].理论月刊，2009（6）：179-182.

[5]谢敏芳.人性假设理论在应用型本科学校学生管理工作中的应用[J].安徽警官职业学院学报，2011，10（6）：116-118.

[6]郭成纲.西方管理思想史[M].北京：经济管理出版社，2004.

[7]张晓坚，孟杰.学生发展理论视角下的辅导员队伍专业化、职业化建设[J].文教资料，2012（22）：129-130.

[8]刘洪展，李传先.论辅导员工作中的引导性原则[J].科教导刊，2010（25）：104-105.

[9]庄三舵.现代教育中的"人的全面发展"观[J].基础教育参考，2006（6）：34-36.

[10]孙芳，李菊英.和谐人格：和谐教育的灵魂[J].当代青年研究，2007（12）：6-9.

[11]蔡国春.美国高校学生事务管理模式之嬗变[J].吉林教育科学，2000（1）：47-50.

[12]王英杰.美国高等教育的发展与改革[M].北京：人民教育出版社，1993.

[13]刘林.美国高校学生工作管理[J].辽宁高等教育研究，1994（3）：63-69.

[14]陈学飞.美国高等教育发展史[M].成都：四川大学出版社，1989.

[15]邢国忠.美国大学学生事务嬗变历程及其启示[J].学校党建与思想教育，
　　2006（1）：74-76.

[16]赵平.美国高校学生工作[M].北京：北京航空航天大学出版社，1996.

[17]方巍.美国高校学生发展理论评述[J].外国教育研究，1996（4）：47-51.

[18]蔡国春.美国高校学生事务管理专业化的发展及其特征[J].扬州大学学报
　　（高教研究版），2002，6（1）：73-76.

[19]蔡国春.中美高校学生事务管理模式比较研究[M].青岛：中国海洋大学
　　出版社，2007.

[20]刘振宇.论民国时期高校导师制的施行[J].高教探索，2012（6）：94-99.

[21]杨振斌，冯刚.高等学校辅导员培训教程[M].北京：高等教育出版社，
　　2006.

[22]王静.中国高校学生管理模式的历史考察[J].唐山师范学院学报，2012，
　　34（4）：137-139.

[23]荆惠民，戴木才.改革开放以来思想政治工作大事记[M].北京：中国人
　　民大学出版社，2007.

[24]杨少波.我国高校学生管理专业化研究：基于湖北省高校的调查[D].武
　　汉：华中农业大学，2010.

[25]秦启轩，王集权.当前学生教育管理研究综述[J].山西财经大学学报（高
　　等教育版），2004，7（1）：12-16.

[26]宋国平.目标管理在学生管理工作中的运用[J].山西财经大学学报（高等
　　教育版），1999（2）：64-65.

[27]杨绍清，李建明，朱小茼.本科生导师制的实施对本科生的影响[J].华北
　　煤炭医学院学报，2010，12（6）：896-897.

[28]李玲.高校学生管理工作创新研究[M].长春：吉林人民出版社，2020.

[29]蒋叶红.高校学生管理研究：以对话理论为视角[M].北京：北京大学出版
　　社，2020.